ATÉ QUE A MORTE NOS SEPARE
(A MENOS QUE EU TE MATE ANTES)

Jamie Turndorf

ATÉ QUE A MORTE NOS SEPARE
(A MENOS QUE EU TE MATE ANTES)

Um guia passo a passo
para resolver
conflitos conjugais

Tradução
ADAIL UBIRAJARA SOBRAL
MARIA STELA GONÇALVES

EDITORA CULTRIX
São Paulo

Título do original: *Till Death Do Us Part.*

Copyright © 2000 Jamie Turndorf, Ph.D.

Publicado pela primeira vez no Canadá por Fitzhenry & Whiteside Ltd., 195 Allstate Parkway, Markham, Ontario L3R 4T8.

Todos os direitos reservados. Nenhuma parte deste livro pode ser reproduzida ou usada de qualquer forma ou por qualquer meio, eletrônico ou mecânico, inclusive fotocópias, gravações ou sistema de armazenamento em banco de dados, sem permissão por escrito, exceto nos casos de trechos curtos citados em resenhas críticas ou artigos de revistas.

Este livro não pode ser exportado para outros países de língua portuguesa.

O primeiro número à esquerda indica a edição, ou reedição, desta obra. A primeira dezena à direita indica o ano em que esta edição, ou reedição, foi publicada.

Edição	Ano
1-2-3-4-5-6-7-8-9-10	02-03-04-05-06-07

Direitos de tradução para o Brasil
adquiridos com exclusividade pela
EDITORA PENSAMENTO-CULTRIX LTDA.
Rua Dr. Mário Vicente, 368 — 04270-000 — São Paulo, SP
Fone: 272-1399 — Fax: 272-4770
E-mail: pensamento@cultrix.com.br
http://www.pensamento-cultrix.com.br
que se reserva a propriedade literária desta tradução.

Impresso em nossas oficinas gráficas.

Para Jean Pin, meu marido,
que tem permanecido fielmente ao meu lado
ao longo dos altos e baixos da vida.
Seu amor, seu nível de aceitação
e sua devoção permanente
ao nosso relacionamento são
as maiores dádivas da minha vida.

♥ ♥ ♥

Uma mulher morreu e apareceu diante de São Pedro nos portões do céu.

– Que tenho de fazer para entrar no céu? – perguntou ela.

São Pedro replicou: – É bem simples. Basta soletrar uma palavra... *Amor*.

– Isso é fácil... a-m-o-r.

Quando ela disse isso, os portões perolados se abriram e ela entrou no céu.

São Pedro disse então: – Olha, eu tenho de ir ao banheiro. Você pode vigiar os portões para mim? E lembre-se: se alguém quiser entrar, não deixe de fazer que a pessoa soletre a palavra.

São Pedro se foi e, um minuto depois, o marido da mulher apareceu no portão.

– O que você está fazendo aqui? – perguntou a mulher.

Ele replicou: – Fiquei tão abalado com a sua morte que morri de repente. O que preciso fazer para entrar?

A mulher respondeu: – É simples. Você só precisa soletrar uma palavra.

– Qual é a palavra? – perguntou ele.

– Checoslováquia.

W. T. Triller

Sumário

Prefácio . . . 9

Agradecimentos . . . 10

Introdução . . . 11

1: Para Compreender a Química das Brigas . . . 15

2: O Campo de Batalha Conjugal: Avalie as Suas Brigas na Escala Richter do Casamento . . . 21

3: O Respeito aos Limites: Como Eliminar as Ciladas das Brigas e as Táticas Incorretas de Resolução de Conflitos . . . 33

4: A "Frente Avançada" da Batalha: As Guerras dos Sexos . . . 49

5: Ferimentos de Guerra: Como as Mágoas da Infância Provocam o Conflito Conjugal Crônico e Como Curá-las . . . 57

6: Como a Sua Cabeça Pode Ser o Seu Pior Inimigo e Como Treinar a Mente para Lutar a Seu Favor e Não Contra Você . . . 77

7: Uma Arma de Guerra: Como a Mulher Pode Usar Técnicas de "Controle do Clima" para Acabar com as Brigas Conjugais . . . 83

8: Ouvindo o Grito de Guerra: Como Usar os Ouvidos para Resolver Conflitos . . . 101

9: Período de Licença: Saber Quando Não Negociar . . . 121

10: O Tratado de Paz: Como Negociar um Contrato . . . 131

Conclusão: Declaração de uma Trégua Permanente . . . 155

Referências e Sugestões de Leitura . . . 157

Prefácio

Embora este livro esteja voltado para ajudar casais casados a resolver as situações de briga crônica, os princípios e técnicas apresentados também podem ser aplicados a casais não-casados e a parcerias homossexuais.

Quero ainda lembrar que as generalizações que faço sobre o comportamento masculino/feminino se baseiam em tendências estatísticas. Isso significa que, segundo dados estatísticos, é mais provável que um sexo específico exiba um dado comportamento. Por exemplo, há mais mulheres expressivas emocionalmente do que homens com essa característica. Não se surpreenda se descobrir que certas generalizações não são apropriadas às suas circunstâncias. Na verdade, você pode vir a perceber que a sua experiência é justamente o oposto de um dado estatístico. Isso não é um problema. Se quiser inverter os papéis para que as minhas observações façam sentido, nada a impede. Seja como for, você verá que as técnicas de resolução de conflitos vão continuar a ter validade.

Observe que dirigi este livro às mulheres – as "vigilantes do relacionamento" na nossa sociedade. Se você for um leitor do sexo masculino, as minhas desculpas, bem como a minha admiração por você ser um tipo especial de homem.

Do mesmo modo, desejo que as leitoras saibam que está provado que o meu programa de resolução de conflitos reduz amplamente o conflito conjugal mesmo quando a mulher faz uso dele sem a participação do marido.

E, por fim, embora as histórias contidas neste livro se baseiem em casos reais, os nomes foram trocados para proteger a identidade dos casais que partilharam sua vida comigo.

Agradecimentos

Sou muito grata a Kathy Ronk, minha agente de publicidade da Amodeo Productions; a Kathleen Velletri, que corrigiu todos os erros tipográficos do texto; a todo o pessoal da Millbrook Library, que deu uma disposta ajuda na obtenção de materiais de referência; a Faith Hamlin, minha maravilhosa agente e amiga; a Cynthia Vartan, minha editora na Henry Holt, que deu 110 por cento de si; e a Amelia Sheldon, minha agradável nova editora na Holt.

Introdução

Todo casal quer amor, amor sem fim. Para a maioria de nós, amar é conjugar coração e mente, o que inclui a atração física, a admiração pelas qualidades pessoais do cônjuge e um desejo de fazer coisas juntos (caminhar, nadar, assistir a filmes). Amar também inclui comprometer-se com a felicidade, com a saúde e com o bem-estar do parceiro, bem como o desejo de atender aos desejos, às necessidades e aos pedidos um do outro, e assim por diante. Não preciso prosseguir. Você sabe o que é amar.

Se se parece com a maioria das pessoas, você amava seu parceiro quando disse "Sim". Você também prometeu amar "até que a morte nos separe". Se é assim, por que será que tantos casais casados vêem surgir a falta de amor? Porque, apesar do amor e da fusão emocional essenciais do começo da relação, as pessoas que se amam são pessoas diferentes cujas necessidades e desejos nem sempre são exatamente os mesmos. Essas diferenças costumam ocasionar conflitos e brigas a respeito de qualquer assunto que se possa imaginar, tanto importantes como desprezíveis.

O divórcio e a violência doméstica atingiram proporções epidêmicas, e como os desentendimentos conjugais crônicos são em geral o precursor do divórcio, e muitas vezes da violência, um programa de resolução de conflitos é hoje mais necessário do que em qualquer outra época. Todo casal atingido pelo conflito – assim como os casais desejosos de manter relacionamentos harmoniosos – vai obter benefícios do meu programa realista e de fácil aplicação destinado a acabar com as brigas de casal. As rotas de fuga, as válvulas de escape e as respostas verdadeiras constituem instrumentos essenciais para a sobrevivência conjugal.

Contudo, não adie o momento de pôr esses instrumentos em prática, porque as brigas de casal só pioram com o passar do tempo. Como eu sei disso? Sou popularmente conhecida como a Dra. Love [Amor] e, por meio do meu Center for Emotional Communication [Centro de Comunicação Emocional], do meu *site* na Internet, "Ask Dr. Love", e das minhas colunas de jornal, tenho ajudado centenas de milhares de casais a melhorar o seu relacionamento. Na verdade, passei os últimos quinze anos, no meu Centro, fazendo pesquisas com casais afetados pelas brigas maritais crônicas, pesquisas que levaram à elaboração de um dos primeiros métodos estatisticamente comprovados para acabar com esses conflitos. *Até que a Morte nos Separe (A menos que eu te mate antes)* contém os elementos do meu programa de resolução de conflitos – de eficácia comprovada. E se se dedicar à aplicação dos meus princípios, você também vai romper o círculo das brigas destrutivas.

Você pode estar se perguntando por que ainda não sabe criar harmonia conjugal. Pense apenas no ambiente no qual recebeu sua educação formal. A escola, é claro, onde você aprendeu matemática e inglês. Mas qual matéria do currículo lhe ensinou a viver seus relacionamentos? Nenhuma! É uma tragédia que não se ofereça instrução nessa área, se se levar em conta que passamos a maioria das nossas horas de vigília relacionando-nos com as pessoas e não fazendo cálculos matemáticos.

Não seria essa a hora de ingressar na escola do amor? Ou quem sabe eu devesse dizer na escola do conflito, dado que amor e ódio são parentes consagüíneos, e visto que o amor só pode sobreviver se antes se der um jeito em sua prima em primeiro grau, a raiva. Na verdade, a raiva não-resolvida é o principal assassino do amor.

Mesmo que o seu amor esteja na linha de fogo; mesmo que o ódio e a raiva estejam mantendo como refém o seu casamento, não se desespere. Ao contrário do que se acredita, você pode reacender a chama do amor que sentia nos primeiros anos do seu relacionamento. É preciso, contudo, se empenhar nisso. Sei que isso pode parecer bem pouco romântico. No entanto, deixar o seu casamento nas mãos do acaso e acabar divorciada é ainda menos romântico.

Apresento a seguir um breve panorama do conteúdo do livro.

Meu programa para acabar com as brigas conjugais começa com uma série de passos preparatórios ou de esfriamento, discutidos nos Capítulos de 1 a 7. Antes de tentar a resolução dos conflitos, você precisa dominar esses passos.

Primeiro, explico que as brigas conjugais acaloradas criam nos homens um desequilíbrio químico que desencadeia uma reação primitiva de fuga. Quando o marido foge da discussão do conflito, a mulher fica ainda mais irritada e o conflito fica cada vez pior. O primeiro passo de Esfriamento consiste em compreender a química do conflito.

Em seguida, esboço um quadro dos temas mais comuns de discussão, explico o que faz o conflito se transformar numa batalha total e ajudo você a perceber se está afetada por um estado de guerra conjugal fora de controle. Depois identifico as Armadilhas das Brigas (padrões das brigas destrutivas), bem como as estratégias deficientes de resolução de conflitos, que acirram os ânimos no ambiente conjugal e que têm de ser eliminadas.

Esclareço que as brigas por causa do sexo resultam de três fatores principais: incapacidade do marido no atendimento das necessidades emocionais da mulher; falta de compreensão das diferenças entre a sexualidade masculina e a feminina; e transposição de problemas alheios ao sexo para a arena sexual. E mostro como resolver as brigas conjugais advindas de cada uma dessas três causas.

Explico adiante que as Velhas Cicatrizes não reconhecidas da infância alimentam as batalhas conjugais. Ajudo a identificar essas mágoas precoces e mostro de que maneira curá-las por meio do relacionamento conjugal.

Depois de analisar o fato de que os casais envolvidos no conflito ficam propensos a distorcer de modo negativo as mensagens uns dos outros, demonstro como treinar a sua mente a combater em seu favor, e não contra você. Só se podem resolver conflitos quando se tiverem eliminado as distorções.

O último capítulo preparatório proporciona técnicas de Controle do Clima Conjugal que irão acalmar o relacionamento do casal.

A segunda parte do livro traz o meu programa de resolução de conflitos – de eficácia comprovada. Revelo como dominar as capacidades essenciais da escuta; como identificar e resolver problemas que não admitem negociação; e, por fim, como resolver seus conflitos por meio do processo de negociação.

Não preciso desejar boa sorte no momento em que você inicia esta jornada comigo – porque o sucesso conjugal não é uma questão de sorte. O sucesso no casamento advém da aprendizagem das técnicas simples descritas neste livro e de sua prática na vida cotidiana. Os casais com os quais trabalhei pessoalmente no meu Centro, e que seguiram o meu programa, vivem hoje um casamento feliz. Chegou a sua vez!

1

Para Compreender a Química das Brigas

Seu marido acaba de lhe informar que vai pescar com os amigos no próximo fim de semana. Ele sorri, contente como um garotão, exibindo todo o conjunto de dentes brilhantes – que você mal resiste a esmurrar. Você já lhe pediu milhões de vezes que não faça planos sem antes consultá-la. Ele esqueceu, o que indica claramente um caso de doença de Alzheimer juvenil. E agora você se pega dizendo-lhe mais uma vez como isso a irrita. De repente, os olhos do seu marido perdem o brilho e ele fica surdo como uma porta. Como ele não a está ouvindo, você se exalta ainda mais. Isso de nada adianta; em vez de compreender o que a incomoda, ele fica completamente alheio ao que se passa. Isso aumenta a sua perturbação, de modo que você eleva o seu termostato emocional ao nível máximo. Contudo, antes de acabar, você fica falando às moscas.

Agora você está fora de si. Você o persegue na sala de estar, onde o encontra olhando perdidamente o espaço vazio, com o maxilar contraído. Você o censura, se queixa, reclama e vocifera, mas ele a ignora.

Quanto mais ele mantém o seu silêncio de pedra, tanto mais irritada você fica (ele nem sequer a ama o suficiente para responder ao seu apelo). Fazendo um último esforço, você lança um ataque por todos os flancos e se atira com fúria verbal sobre ele. Funcionou! Ele rompeu o silêncio de pedra. Contudo, em vez de mostrar que compreende, ele dá mortais golpes verbais.

– Acho que o problema é você! – grita ele, sacudindo o punho como se fosse uma clava.

– Não venha jogar a culpa em mim... Foi você quem fez planos de ir passear.

– E quem ia querer passar o tempo com uma megera?

Em segundos, ele sai de casa com a velocidade do raio.

Na próxima vez em que tenta falar com ele sobre o assunto, você está ainda mais exaltada. E ele, o que não é nenhuma grande surpresa, está ainda mais surdo e na defensiva, ou simplesmente voltou ao seu natural como se nada tivesse acontecido.

O cenário descrito acima – o homem batendo em retirada quando é criticado – também é conhecido como "retraimento marital", uma reação primitiva de fuga que acontece quando o homem se sente atacado. E, de acordo com amplas pesquisas, o retraimento marital é a principal causa dos conflitos conjugais e dos divórcios.

Essa reação é provocada por uma colisão entre duas modalidades incompatíveis de tratar o conflito: a da mulher, que exprime intensamente sua mágoa e sua raiva, e a do marido, que foge do confronto. O nome técnico desse fenômeno é *Círculo da Escalada Negativa da Exigência/Retraimento*, e vou discutir no Capítulo 7 como as mulheres podem romper esse círculo ao reduzir o calor emocional de suas mensagens. Por agora, contudo, concentremo-nos nas razões pelas quais os maridos se retraem.

De acordo com as pesquisas de J. M. Gottman e de R. W. Levenson, o retraimento marital é causado por um desequilíbrio químico que se manifesta quando o homem se sente ameaçado. Quando isso acontece, o sistema nervoso autônomo (SNA) do homem é ativado num alto nível. Suas glândulas supra-renais começam a bombear adrenalina, seu coração se acelera, alcançando 100 batimentos por minuto (bpm), seus músculos ficam tensos e em geral ele começa a suar. Trata-se das manifestações fisiológicas da ativação do SNA; são automáticas, pois ocorrem sem a mediação do pensamento.

Os homens são fisiologicamente hiper-reativos ao *stress*, fato demonstrado em termos empíricos por numerosos estudos. Por exemplo, fiz uma experiência de laboratório na qual avaliei os níveis de ativação de maridos e mulheres, usando um aparelho que mede a pulsação e a umidade da pele, antes de discussões conflituosas, no decorrer dessas discussões e depois de elas terem chegado ao fim. Os resultados desse estudo demonstraram que os homens, mas não as mulheres, têm o SNA ativado no curso de discussões emocionalmente desgastantes. Outro estudo, de C. W. Liberson e W. T. Liberson, descobriu que, diante dos mesmos fatores que produzem *stress*, os homens apresentam distúrbios fisiológicos, ao passo que a química interior das mulheres permanece relativamente estável. E o estudo feito por L. J. P. Van Doornen descobriu que, no dia em que seriam submetidos a um exame, os sujeitos do sexo masculino foram afetados por desequilíbrios bioquímicos, enquanto os do sexo feminino não exibiram alterações fisiológicas. As pesquisas são claras: os homens são mais propensos à ativação do SNA como reação ao *stress*, de modo geral, e ao conflito conjugal, em particular.

Quando ocorre a ativação do SNA, desencadeia-se a resposta "lutar ou fugir", uma reação primitiva que acontece sempre que a pessoa se sente emocional ou fisicamente em perigo. O instinto de fugir quando se está diante do perigo vem de tempos imemoriais nos quais os homens eram caçadores e tinham de enfrentar bestas ferozes. Imagine um homem primitivo numa expedição de caça enfrentando um grande número de ameaças à sua vida. Seu corpo precisa estar à altura da tarefa. Salta um tigre à sua frente, e seu corpo de imediato entra no padrão lutar ou fugir, uma reação instintiva que assegura que esse homem enfrente o tigre ou fuja para salvar a vida. Trata-se de um instinto necessário para conservar a vida do caçador.

Como veio esse mecanismo a fazer parte da forma mais comum de conflito conjugal – o Círculo da Exigência/Retraimento? Quando a mulher se dirige ao marido, rilhando os dentes e lançando-lhe ataques e críticas, o SNA dele vê perigo. O perigo dos tempos modernos não assume a forma de ferozes predadores; ele evoluiu para a esposa zangada. E o homem moderno se vê diante do mesmo dilema que seus ancestrais primitivos tiveram de enfrentar: combater o inimigo ou fugir.

Como o marido não quer atacar a esposa zangada (lutar), seu corpo envia sinais que fazem que ele fuja, se retraia. Os comportamentos de retraimento se mostram em termos físicos, verbais e psíquicos. São exemplos de fuga física sair de casa ou do cômodo em que está e/ou evitar contato com a parceira; a fuga verbal envolve desculpas, a justificação ou a negação da responsabilidade, o ataque verbal ou a resposta a uma acusação com outra; e a fuga psíquica, que ocorre quando a mente se retira, inclui não ouvir (surdez funcional), ficar sem expressão facial, ficar em silêncio ou evitar olhar para a mulher. É importante observar que todos os maridos que se vêem diante de um distúrbio conjugal exibem alguma modalidade de comportamento de retraimento.

Embora os homens tenham deixado de ser caçadores, sua programação biológica e sua hiper-reatividade fisiológica ao perigo continuam sendo parte intrínseca de sua fisiologia. Desconhecendo que as reações de fuga do marido resultam dessa programação, a mulher vai ficando cada vez mais irritada porque ele parece não se importar com ela e, sem o desejar, desencadeia no marido ainda mais alarmes biológicos de incêndio. Quanto mais ele foge, tanto mais brava ela fica, e dentro de muito pouco tempo as brigas conjugais se tornam crônicas.

Para piorar as coisas, quando a ativação do SNA está no seu nível máximo, sobrevém outra reação fisiológica que intensifica ainda mais o conflito conjugal: há uma redução das funções cognitivas masculinas, o que significa que razão e lógica deixam de existir. Esse mecanismo de paralisação das funções cerebrais era uma reação necessária à adaptação em épocas pré-históricas. Quando o homem primitivo caçava, vendo-se diante de um feroz predador, era melhor que a sua mente não estivesse disponível para ele analisar suas opções ("Será que vale a pena morrer tentando abater este tigre? A *Folha das Cavernas* acaba de publicar um artigo sobre os benefícios para a saúde da alimentação vegetariana. Talvez eu experimente mais tarde um sanduíche de tofu".) Antes de acabar de fazer essas ponderações, é bem provável que o homem das cavernas já tivesse sido devorado. Na pré-história, a interrupção do funcionamento cognitivo era vital para a sobrevivência, não apenas de cada homem, mas também da espécie.

Ainda que esse mecanismo de interrupção do funcionamento do cérebro tenha sido uma medida de sobrevivência durante um curto período de tempo, hoje esse mesmo mecanismo pode "matar" o marido. Quando a mulher furiosa se lança sobre o marido, ele precisa de todas as suas funções cognitivas superiores, como o raciocínio e a capacidade de resolução de problemas, para enfrentar essa ameaça. Por infelicidade, justamente os instrumentos de que ele precisa para solucionar o conflito foram desativados, e ele fica impedido de participar de modo produtivo de todo o intercâmbio relacional. Isso explica por que, em casamentos abalados por atritos crônicos, as brigas costumam se desenrolar de acordo com um padrão bem definido; sempre acontecem do mesmo jeito, dado que não há à disposição do marido o pensamento criativo capaz de examinar táticas alternativas de combate.

Outro fator que leva os conflitos conjugais a adquirir caráter crônico é o fato de ser necessário ao homem um tempo maior – bem maior do que aquele de que precisa a mulher – para que sua química interior volte ao normal depois do *stress*. Na realidade, a pesquisa de L. J. P. Van Doornen mostrou que, em casamentos nos quais os conflitos são constantes, a química masculina nunca volta a se equilibrar. A cada briga subseqüente, a ativação alcança níveis mais elevados e o pavio fica cada vez mais curto, o que faz o homem correr o risco de agredir fisicamente antes de ter a oportunidade de fugir. Esse risco tem especial magnitude no caso de homens impulsivos que já são propensos a reagir por meio da agressão física. Deve-se observar aqui que a violência doméstica não é o foco deste livro. E se alguma mulher for casada com um homem que a espanca, ou se se sentir em perigo de agressão física, aconselho-a a procurar ajuda profissional.

O que se deve ter em mente é que, em todos os casamentos atingidos pelo conflito crônico, a ativação residual do SNA e a interrupção crônica do funcionamento cognitivo alimentam a continuidade da discórdia.

> George volta para casa e, sem que o saiba, uma briga está em vias de acontecer.
> – Você trouxe o leite? – pergunta Mary, sua mulher.
> – Não. Esqueci – responde ele, empalidecendo.
> – Eu lhe pedi que fizesse isso ao voltar para casa! – suspira Mary.
> George fica encarando Mary, incapaz de dizer uma única palavra.
> – Você não ouviu nada do que eu disse!
> – Claro que ouvi!
> – O que foi que eu disse?
> George fica olhando para ela, com o maxilar contraído.
> – Vou refrescar a sua memória. Você disse que se esqueceu de comprar leite!
> – Eu sei disso!
> – E então o que você me diz dessas latas de cerveja que está trazendo?
> – Bem... comprei na loja de conveniência do posto – diz George, fechando os olhos.
> – E desde quando pararam de vender leite na loja de conveniência?
> – Não posso me lembrar de tudo. Você não se incomoda em saber como o dia foi duro para mim. – Ele vira o rosto.

– E o que tem isso a ver com o leite? Você, como sempre, se esqueceu, já que não dá importância à minha vontade.
– Nada disso. Eu compro coisas para você – diz ele, ainda desviando o olhar.
– O que você compra? – pergunta Mary, elevando a voz.
– Ora, biscoitos, sorvete, *pizza* – grita ele.
– E... você mesmo come tudo. Estou farta de ouvir suas desculpas. Não negue: você esqueceu a droga do leite!
– Pois é, esqueci a porcaria do seu leite. Tenho coisas mais importantes em que pensar. Por exemplo, como sobreviver ao lado de uma bruxa. – E George, depois disso, sai e bate a porta com força.

No exemplo acima, George apresenta uma condição fatal de comoção cerebral decorrente da ativação crônica do SNA. Do mesmo modo, a oclusão cerebral também fez George ficar incapaz de se comunicar, conforme demonstra ao fechar os olhos e desviar o olhar. Contudo, afora ter se tornado um débil mental, o que aconteceu com o pobre George? Os músculos de todo o seu corpo estão enrijecidos, o que explica aquele olhar vazio e frio que a mulher interpreta como prova de que ele não se importa com ela. E os músculos dele estão tensos porque se preparam para lutar ou fugir. Como ama a mulher, George não quer atacá-la, e por isso prefere fugir.

A primeira forma de fuga de George foi o retraimento psíquico. Sua mente se afastou do ambiente; ele deixou de perceber as coisas, ficou surdo e evitou encarar a mulher. Mary ofendeu-se com essa aparente falta de consideração e se irritou mais ainda. A ativação do SNA de George alcançou níveis mais elevados e ele entrou na fuga verbal – murmurou desculpas, ficou na defensiva, recusou-se a assumir a responsabilidade por seu comportamento irritante. Essa fuga verbal encolerizou Mary ainda mais ("Como ele se atreve a se virar contra mim?"), e ela ficou mais agressiva, intensificando assim o nível de ativação do SNA de George.

Como a fuga verbal não conseguiu acalmar a situação, o corpo de George fugiu fisicamente. Ele escapou da sala para restabelecer seu equilíbrio químico; mas, por infelicidade, toda vez que George se retrai fisicamente, Mary interpreta esse comportamento como uma prova adicional do descaso dele com relação a ela. Ela vai ficando cada vez mais irritada; a ativação do SNA de George alcança níveis cada vez mais elevados, de modo que ele passa a receber mensagens interiores para fugir do perigo. E, o que é pior, essas mensagens de perigo se tornam parte do estado "normal" de George. A ativação constante do SNA leva a uma redução crônica da capacidade cognitiva de George, o que explica o fato de ele costumar se esquecer do leite. Enquanto sua química estiver alterada, George vai continuar a se retrair. Mary, por sua vez, continuará irritada, o que assegura a continuidade desse desequilíbrio químico de George – e disso resulta o estado crônico de conflito entre eles.

A Perturbação Química do Corpo (Ativação do SNA) Está Provocando Suas Brigas Conjugais?
Um teste do tipo Verdadeiro ou Falso para esposas

Nossas brigas parecem seguir um roteiro. Nossas palavras, gestos ou ações raramente variam.	V ou F
Posso prever com antecedência o resultado das nossas brigas.	V ou F
Quando brigamos, meu marido parece imobilizado como uma estátua.	V ou F
Se medisse o pulso de meu marido, ele estaria disparado (100 bpm ou mais) durante uma briga.	V ou F
Meu marido fica suando quando brigamos.	V ou F
Os músculos do meu marido ficam retesados quando brigamos.	V ou F
Meu marido se afasta de mim quando brigamos.	V ou F
Meu marido fecha os olhos e não me olha de frente quando brigamos.	V ou F
Meu marido fica com o olhar vazio e frio quando brigamos.	V ou F
Meu marido se defende, se justifica ou responde uma acusação com outra quando brigamos.	V ou F
Meu marido parece não me ouvir quando brigamos.	V ou F
Meu marido sai fisicamente para escapar de uma briga em andamento.	V ou F
Meu marido me evita quando acha que estamos perto de ter uma briga.	V ou F

Se respondeu "Verdadeiro" a qualquer dessas perguntas, você tem uma idéia razoavelmente clara de que o retraimento de seu marido e as brigas crônicas de vocês são causados pela perturbação da química do corpo. Por que a estou incomodando com uma aula de química? Porque o primeiro passo para evitar a principal causa do conflito conjugal começa com a compreensão de que os vários comportamentos de retraimento de seu marido, de seu companheiro ou de seu namorado não são um indício de falta de amor. Esses comportamentos decorrem de um mecanismo primitivo, de base biológica, que não está ao alcance do homem controlar.

Se os homens são assim, o que se pode fazer? Muita coisa! Nos próximos capítulos, vou expor todos os fatores que agitam os ânimos no ambiente conjugal e discutir de que maneira modificá-los. Sem baixar o termostato, não se podem resolver conflitos.

2

O Campo de Batalha Conjugal: Avalie as Suas Brigas na Escala Richter do Casamento

Sue foi despertada por um vento glacial nas costas. Levantando-se com a rapidez do raio, gritou:
– Acorde, Henry. Você se apossou das cobertas de novo!
Ela puxou o cobertor com toda a força, mas este não se mexeu nem um milímetro.
– Oh, meu Deus! – sussurrou ela. – Pode algum ser vivente suportar a infelicidade de viver com alguém que só pensa em si?

Se tivesse acesso ao banco de dados de uma biblioteca, Sue poderia ter feito uma pesquisa sobre o assunto. E, o que é mais importante, ela teria determinado se um juiz consideraria motivo de divórcio uma batalha de colchão. Por estranho que pareça, muitos divórcios ocorreram por causa de conflitos aparentemente triviais como esse.

Neste capítulo, vamos discutir o conflito no casamento: os motivos mais comuns de conflito e o que faz o conflito vir a ser uma batalha sem fim. E vou ajudá-la a perceber se está sendo vítima de uma luta conjugal descontrolada.

Mas antes de prosseguir temos de estar certas de que você sabe o que constitui o conflito. Trata-se de um atrito que ocorre quando surgem nos relacionamentos necessidades, desejos, objetivos e opiniões opostos entre si. Segundo o pesquisador S. Duck, como o casamento envolve duas pessoas diferentes, o conflito e a raiva que nele se fazem presentes são normais e nada têm de excepcional.

Quais os motivos mais comuns de conflito? Ao ler a relação a seguir, lembre-se de que se trata de um panorama superficial que nada tem de definitivo. É preciso ainda saber que as queixas conjugais de modo geral são feitas pelas mulheres – o que explica o fato de a pessoa queixosa nos exemplos a seguir ser em geral uma mulher.

Conflitos Afetivos

Desacordos com respeito à freqüência das demonstrações de afeto (os abraços, os beijos, o uso de palavras carinhosas, o romantismo, etc.) Um dos cônjuges deseja mais demonstrações de cunho emocional do que o outro se dispõe a dar.

"A última vez que você me beijou foi quando dissemos o 'sim'!"
"Você afaga mais esse cachorro do que a mim!"
"Você acha que vai morrer se me disser alguma coisa delicada antes da minha morte?"
"Você de romântico não tem nada!"

Qual é o Problema?
Também Conhecido como Conflitos Sexuais

Conflitos acerca da maneira, da freqüência, da técnica, etc. As discussões relativas a "quando", "onde", "como", "quanto", "qual a extensão" (não, não estou me referindo ao comprimento, embora estes também possa ser uma fonte de conflitos conjugais. Estou me referindo à extensão de tempo).

"Você é delicado como uma motosserra!"
"Você acha que entra no clima antes do fim do século?"

Questões Íntimas

Desacordos quanto ao grau de proximidade/distância emocional e/ou física no relacionamento. Um parceiro quer passar mais tempo longe do que o outro. Um dos cônjuges nunca dá atenção aos sentimentos do outro ou passa muito pouco tempo em casa e/ou com as crianças. Um dos companheiros nunca comunica ao outro seus sentimentos íntimos.

"Quando você não está trabalhando fica só com os amigos!"
"Você nunca tem tempo para mim e para as crianças!"

Discussões por Causa do Lazer

Discordâncias sobre o tempo a ser dedicado a atividades de lazer. Desacordos sobre os tipos de atividade a realizar e sobre a participação ou não do outro cônjuge.

Minha idéia de um bom domingo não é reabastecer a geladeira de cerveja para você e seus amigos.
"Não podemos fazer alguma coisa juntos para variar?"

Brigas por Causa do Ciúme

Sempre que um dos parceiros dá atenção a alguém, o outro se mostra loucamente ciumento. O parceiro ciumento costuma pensar que o outro está flertando com esse alguém (mesmo quando isso não é verdade).

"Por que você não vai para casa com ela/ele?"
"Por que você não anunciou publicamente sua queda por ele/ela?"
"Eu vi você com o braço no ombro dela e passando a mão na sua nuca!"
"Você disse que ia ficar no trabalho até às sete. Liguei às seis e meia e ninguém atendeu. Onde você estava?"

Discussões por Causa de Tarefas Domésticas

Desacordos quanto à desigualdade na divisão de tarefas decorrentes da sensação de um dos parceiros de que lhe cabe uma parcela desproporcional das responsabilidades domésticas ou então da recusa de um dos companheiros a ajudar em casa.

"Quando foi que eu assinei o contrato de exclusividade de lavagem da louça (da roupa, etc.)?"
"Quantas vezes eu tenho de lhe dizer que tire seus papéis de cima dessa maldita mesa?"

Discussões por Causa do Não-Cumprimento de Tarefas

Nessas discussões, em geral é a mulher que briga com o marido porque ele não cumpriu as obrigações com que se comprometera.

"Você esqueceu DE NOVO de jogar o lixo!"
"Era sua vez de buscar Johnny no futebol. Onde você se meteu?"

Brigas por Causa da Falta de Iniciativa

Nesse gênero de discussões, a mulher se irrita porque o marido nem sequer percebe que há várias coisas a fazer – nem parece se importar com isso.

"Você vai precisar de muitos meses para consertar a janela da cozinha?"

"Você reparou que o pneu da bicicleta de Sally está furado há quatro meses?"

Discussões Sobre a Educação dos Filhos

Discordâncias relativas ao grau de tolerância/rigor; sensação de que um dos genitores desautoriza o outro, não se empenha em ver cumpridas regras estabelecidas em conjunto ou altera as decisões que o outro tomou. Ressentimento por causa da divisão desigual das responsabilidades na criação dos filhos.

"Você é igual às crianças; deixa que elas façam o que quiser!"

"Eu não sabia que você era sargento do Exército!"

"Para que estabelecer regras se você deixa as crianças violar todas elas?"

"Esta peça que eu estou segurando é uma fralda. Você tem medo de pegar alguma doença se trocar uma delas de vez em quando?"

Discussões por Causa do Sogro/Sogra

Brigas por razões de lealdade, decorrentes da sensação de um cônjuge de que o outro está sempre do lado dos parentes. Desacordos sobre quanto tempo se deve passar com os parentes.

"Por que você não se casa com a sua mãe?"

"Você sempre dá razão a eles!"

"Já que você gosta tanto de visitar o seu pessoal, não era melhor que fôssemos morar logo com eles?"

Brigas por Causa dos Amigos

Desavenças causadas pelo tipo de amigos que se tem; sobre o tempo que se deve passar com os amigos sem o cônjuge, sobre o tempo que o casal deve passar com os amigos ou com outros casais.

"Não sei por que você casou comigo. Logo se vê que você prefere ficar com os seus amigos!"

"Não gosto do Walter; ele vive me criticando. Por que temos de dar atenção a ele?"

Conflitos de Valores

Discórdias sobre objetivos de vida, sobre o que é importante na vida; problemas vinculados com valores culturais, religiosos ou sexuais, com o hábito de fumar ou de beber; divergências de gostos ou interesses, incluindo conflitos sobre o comportamento adequado no convívio social.

"Transar na traseira da camioneta? Você me acha com cara de carga?"
"Você não abre a mão nem para se despedir!"
"Você não devia beber aos domingos!"
"Temos ido muito pouco à igreja!"
"Você pretende ganhar algum prêmio de decoração?"

Discussões por Causa do Egoísmo ou da Falta de Cooperação

Um dos parceiros não se dispõe a se empenhar com o outro a fim de descobrir uma solução mutuamente satisfatória para algum conflito. Um parceiro sente que o outro é persistentemente teimoso ou insensível.

"Você não dá a mínima importância aos meus sentimentos."
"Você não se importa com os meus desejos."

Discussões Sobre a Mania de Controlar

Nessas discussões, um dos cônjuges sente-se controlado ou manipulado pelo outro. Um cônjuge que necessita estar no controle costuma se assustar com o ser controlado. Dessa maneira, a pessoa que dirige a outra o faz para evitar que ela mesma seja dominada.

"Por que sempre tem de ser da sua maneira?"
"Você não é meu pai."

Discussões por Causa de Dinheiro

Discordâncias por causa de contas a pagar, bem como acerca de quanto deve ser poupado e quanto deve ser gasto imediatamente. Desavenças por causa dos gastos excessivos de um dos cônjuges, de sua sovinice ou de sua atitude de excessivo controle no que se refere ao dinheiro.

"Você não abre a mão nem para dar adeus!"
"Você gasta dinheiro como água!"
"Sempre há dinheiro para comprar seu computador, sua impressora, seus programas de computador e até seus jogos para computador. Minhas despesas nunca estão no orçamento. Faz três anos que não compro um vestido."

Discussões de Luta pelo Poder

Os parceiros brigam por qualquer questão imaginável e nenhum deles está disposto a ceder. Eles não chegam a nenhum acordo e logo se parecem com cães brigando pelo mesmo osso. O filme *A Guerra dos Roses* descreve uma luta pelo poder que termina em morte. Lembre-se de que, mesmo que um parceiro consiga prevalecer, os dois perdem quando as lutas pelo poder assumem o controle do casamento.

"Você sempre impõe o seu ponto de vista!"
"Prefiro morrer a ceder!"

Discussões por Causa do Fechamento do Outro

Neste tipo de discussões, em geral é a mulher que se queixa de que o marido não se abre com ela.

"Você nunca me dá uma chance de conhecer seus sentimentos!"
"Eu sei que alguma coisa está incomodando você. Por que você não me fala sobre isso?"

Discussões Porque "Você Nunca me Ouve"

Este tipo de discussões é um problema conjugal comum. E, mais uma vez, é a mulher que costuma se queixar sobre o fato de o parceiro não dar importância às suas necessidades emocionais.

"Por que você não consegue simplesmente ouvir o que eu digo?"
"Não se afaste de mim quando estou falando!"

Seja qual for o motivo de suas batalhas crônicas, é provável que estas se enquadrem numa das categorias acima. É interessante o fato de que essas fontes de conflito não só sejam impressionantemente invariáveis de país para país, como também, com a exceção das discussões relativas a "Você Nunca me Ouve!", ocorrem igualmente com casais cujo casamento é feliz. Se é assim, você pergunta, por que eles são felizes e eu, tão infeliz? A razão é simples: estudos mostraram que, embora os motivos das brigas dos casais infelizes e dos casais felizes sejam as mesmas, estes últimos não brigam por *causa* dessas coisas *de maneira habitual*. Eles adquiriram os instrumentos de interação que lhes permitem resolver seus conflitos, ao passo que os casais infelizes aplicam técnicas de resolução de conflito ineficazes, razão pela qual seus desacordos saem do controle bem antes de eles poderem, em algum momento, chegar ao estágio de resolução. Isto é, a briga entre os casais infelizes fica tão acirrada que o marido foge sem que haja qualquer tipo de resolução. No próximo capítulo, vou ajudar você a identificar os vários comportamentos que fazem que seus conflitos saiam do controle. E, em capítulos ulteriores, mostrarei como aplicar técnicas mais eficazes que lhe permitam pôr as rédeas bem antes de os seus conflitos se tornarem cavalos em disparada.

Conflito versus *Briga*

É preciso fazer uma distinção entre conflito e briga. Apesar do fato de os dois diferirem, é comum que as mesmas palavras se façam presentes. Sempre que as necessidades e desejos de alguém se vêem prejudicados, ocorre um estado de conflito. Se o conflito não for resolvido amigavelmente, surge a raiva. É a maneira de a pessoa tratar a raiva que determina se um conflito vai ou não se tornar uma briga.

A maioria dos casais infelizes não sabe como transformar sentimentos de raiva em comunicação construtiva. Em vez de fazer isso, eles julgam que sentimentos de raiva são sinônimos de gestos inspirados pela raiva; e "transformam em atos" a sua raiva. A diferença entre o sentimento de raiva e a "transformação da raiva em atos" inspirados pela raiva é essencial porque a raiva é uma emoção neutra, uma luz de advertência indicando que os pés psicológicos da pessoa foram pisados. A transformação da raiva em ação por meio dos comportamentos hostis (bater a porta, jogar objetos, etc.) ou de palavras hostis (palavrões, sarcasmos, ameaças e insultos) é um grande problema. As palavras e ações hostis viram briga conjugal. Você pode me dizer: "Meus problemas conjugais estão me deixando louca, e se eu não puder me desafogar de vez em quando, com certeza vou acabar mal." Embora você possa se sentir melhor no momento em que desafoga, o que você talvez não perceba é que as agressões, as acusações, os gritos, as exclamações violentas e o bater a porta na realidade causam mais problemas conjugais.

Houve uma época em que os terapeutas louvavam os benefícios do "desabafo" emocional. Um ramo da psicologia conhecido como a Escola da Catarse apresentou a noção de que é saudável gritar e urrar para chegar ao fundo do reservatório emocional, numa espécie de lavagem da alma. Hoje, essa abordagem do tratamento das emoções raramente é seguida, visto que, pelo que se observou, a raiva tem um aspecto de realimentação – raiva produz mais raiva. Além disso, o desabafo emocional tem efeito negativo sobre o parceiro que é o seu alvo. Já expliquei por que a transformação em atos de emoções fortes desencadeia uma reação química nos maridos, o que na realidade causa mais conflitos conjugais. Mas por agora enfoquemos apenas o fato de que a emoção bruta nunca deve ser lançada sobre o parceiro, se é que você quer resolver seus conflitos e alcançar a harmonia conjugal.

Se transformar a raiva em atos não funciona, o que dizer de expressar sentimentos de raiva por meio de palavras? Agora, vou de fato subverter tudo ao dizer que os sentimentos de raiva nunca devem ser traduzidos em palavras. Quero dizer com isso que as emoções brutas, de raiva, nunca devem ser lançadas em sua forma pura sobre o parceiro. Descobri que é útil o uso da imagem de uma peneira quando falo de emoções muito fortes, de raiva. Antes de discutir com o parceiro o que a incomoda, você precisa filtrar suas emoções brutas usando essa peneira imaginária. Aquilo que permanece na peneira deve ser mantido para você mesma, somente o que passa pela peneira do seu intelecto é adequado ao consumo humano. O importante nesse caso é que, uma vez que tenham passado pela peneira, as emoções terão sido transformadas e desintoxicadas.

Roger é um redator de 30 anos de um jornal diário. Ele solta fumaça quando reclama dos terríveis textos que os repórteres entregam e, em casa, dirige a família com pulso de ferro. Quando os filhos saem do que ele julga ser os trilhos certos, ele barra-lhes o caminho com acessos de raiva. E se se atreve a sorrir para outro homem durante uma festa, sua mulher, Jane, uma sensual loura oxigenada, é espancada verbalmente na volta para casa. Depois de anos de sofrimento por causa dessas explosões insuportáveis, Jane se queixou ao pastor, que a mandou me procurar.

Encontrei-me com Roger, que me explicou que sua mulher e seus filhos o deixavam tão furioso que ele não podia controlar seu comportamento – os furos na malha da sua peneira emocional eram tão grandes quanto as gargantas do Grand Canyon. Perguntei-lhe sobre outras situações nas quais ele expressa uma grande raiva.

– E quanto ao seu chefe? Ele não deixa você com raiva de vez em quando? – perguntei.

– Ah, sim, ele muitas vezes me deixa bem irritado – admitiu Roger.

– E quantas vezes você brigou com ele?

Roger piscou algumas vezes, pensando obviamente que "essa analista que me mandaram tem um parafuso frouxo".

– Brigar com ele? Você está louca, doutora? Preciso do meu emprego! Acha que sou maluco?

Logo, Roger tem condições de se controlar quando quer. Ele tem uma peneira emocional com uma malha bem fina à sua disposição. Quer dizer, quando percebe que o oponente tem mais poder do que ele

– no caso do chefe, o poder de demiti-lo –, ele pode ser uma pessoa sensata.

– Se você consegue se controlar quando está com raiva de um chefe a quem odeia, por que não consegue se controlar nas relações com sua mulher e seus filhos, a quem você ama? – perguntei.

Roger ficou sem fala. Aconselhei-o a entrar num dos meus grupos terapêuticos que trata o comportamento impulsivo. Depois de alguns meses de freqüência regular, Roger decidiu usar, com sua mulher e filhos, a mesma peneira que se mostrara tão eficaz em filtrar suas emoções quando ele ficava irritado com o chefe. Roger pôs suas emoções sob controle.

É essencial aprender a conter suas emoções brutas e a transformá-las em comunicações construtivas que sejam úteis a você, ao seu parceiro e ao seu relacionamento. O segredo é o seguinte: o casamento é feito ou desfeito pela maneira como a pessoa trata a raiva. Lembre-se, à medida que lê, de que é a raiva transformada em atos que converte conflitos conjugais ocasionais nas brigas fora de controle.

O Hábito de Brigar

Para alguns casais, a briga fora de controle é justo o que eles inconscientemente desejam manter. Por mais incômoda que seja a briga, a perspectiva de não brigar pode ser ainda *pior*. Por exemplo, a briga crônica pode evitar outros sentimentos que seriam terríveis demais para um dos parceiros ou para os dois. Viciar-se na briga é aquilo que os psicólogos designam por hábito de brigar.

Mark e Joan são um exemplo clássico do que chamo de Viciados em Briga. Mark tem verdadeiro terror da intimidade, e sempre que eles parecem estar se dando melhor, ele faz alguma coisa para irritar Joan. Ele é multado por excesso de velocidade, o que tira dinheiro de sua poupança, e a briga decorrente serve para manter Joan a uma distância que não o incomode. Por mais que se esforcem para mudar, eles sempre acabam brigando de novo.

Como acontece com qualquer vício, tentar livrar-se do hábito pode fazer a pessoa se sentir pior antes que haja melhora. Como saber se você é viciada em brigas? Faça o teste simples a seguir.

Você é Viciada em Briga?

Procuro em segredo coisas por cuja causa brigar.	V ou F
Sinto-me mais à vontade quando estou em guerra.	V ou F
Lanço-me de corpo e alma na briga, dizendo e fazendo coisas que sei que vão pisar nos calos do meu parceiro.	V ou F
Não quero que meu parceiro fique perto de mim; tenho medo de que ele me magoe ou me rejeite.	V ou F
Quando eu era criança, papai e mamãe brigavam o tempo todo.	V ou F
Temos brigado desde o começo do nosso relacionamento, mesmo quando éramos namorados.	V ou F

Se respondeu "verdadeiro" a qualquer das perguntas acima, você pode ser uma Viciada em Briga e vai precisar dar uma atenção extra ao Capítulo 5, "Ferimentos de Guerra", que pretende ajudá-la a se livrar do seu vício.

A briga fora de controle nem sempre é provocada por uma necessidade inconsciente de evitar a intimidade. Ela também pode decorrer de uma carência na capacidade de resolução de conflitos. Sem essa capacidade, a briga se torna um cavalo disparado; e depois que o cavalo disparou, é muito difícil fazê-lo voltar à raia. E há ainda mais coisas: o que se aplica a um único episódio de briga também se aplica à seqüência de brigas conjugais ao longo da vida. Os conflitos múltiplos e não resolvidos seguem uma espiral de agravamento que não difere de uma doença crônica. Quando não tratada, a doença física costuma se agravar; mas se você a combater desde o início, intervindo da maneira apropriada, é provável que você a cure. Acontece a mesma coisa com o casamento; ele é uma entidade viva, que respira, e se você abusar dele e ignorar os sintomas de doença, ele vai morrer.

O primeiro passo para alcançar a cura – e para obter o controle – consiste em determinar a gravidade das suas brigas.

Avalie as Suas Brigas na Escala Richter Conjugal

Nas páginas seguintes, avalie as suas brigas na minha Escala Richter Conjugal. Os estágios a seguir são as três principais gradações da escala, sendo o Estágio Três o mais grave.

Estágio Um – O Disco Riscado

O primeiro sinal de que a briga saiu do controle tem a designação técnica de *Estabilização do Conflito*, podendo receber o nome que dei: fenômeno do Disco Riscado. Você se vê desencavando os mesmos problemas repetidas vezes? Por mais triviais que possam parecer as discussões, se briga freqüentemente por causa das mesmas coisas, você tem um grande problema nas mãos. Como é o fenômeno do Disco Riscado?

Lisa e Gerry estão envolvidos numa guerra intestina pelo poder. No meio da noite, Gerry sempre deixa o assento do vaso sanitário levantado enquanto Lisa invariavelmente se senta direto no vaso. Ela finalmente perde a paciência.
– Não é possível, Gerry. Se você deixar a tampa do vaso levantada mais uma vez, eu juro que vou pedir o divórcio.

* * *

– Eu lhe pedi para evitar telefonar de dia para a sua mãe na Flórida. Eu pedi o ano passado, o mês passado, a semana passada, e até dois dias atrás. Mas você continua a ligar sem parar. Por que não vai morar na Flórida com ela?

Se se vir discutindo acerca de velhas questões, não tenha dúvida de que está presa no Estágio Um. Você precisa assimilar as capacidades de resolução de conflitos apresentadas neste livro, ou então logo vai cair no Estágio Dois.

Estágio Dois – Quando o Marido se Ausenta

O Estágio Dois se manifesta quando suas áreas de conflito se transformaram em grandes pontos de divergência. Este estágio lembra o velho adágio francês: "Gato escaldado tem medo de água fria." Ou seja, tudo o que você tem a fazer é retomar a velha questão para que todos os pêlos do seu parceiro fiquem eriçados.

O marido de Marjorie joga boliche muitas noites por semana. Durante meses, ela se queixou cada vez mais disso, enquanto ele ficava ali, ouvindo seu lero-lero. No final, ele nem a ouvia mais; agora, basta ela abrir a boca para falar e a bola de boliche aparece na mão dele e ele sai mais que depressa pela porta.

No Estágio Dois, o marido começa a se ausentar física ou emocionalmente sempre que uma discussão conflituosa surge ou sempre que ele pensa que está prestes a haver uma. A lista a seguir apresenta a você, de modo mais detalhado do que no capítulo precedente, os sinais clássicos do afastamento do marido.

Quando você tenta falar com o seu parceiro sobre o que a incomoda, ele fica olhando para o nada com uma expressão vazia.
Ele se afasta de você ou evita olhá-la de frente quando você tenta falar.
Ele fica com um ar sombrio e em silêncio, parecendo que não está ouvindo.
Ele se defende com palavras, despeja todo tipo de desculpas e nega qualquer problema levantado. Ou tenta contra-atacar dizendo-lhe tudo o que você fez de errado desde o primeiro dia.
Ele deixa fisicamente o recinto em que vocês estão ou sai porta afora.
Ele passa o máximo de tempo possível fora de casa, se esconde no escritório ou no ateliê ou, então, mergulha na TV durante horas.

Se perceber que seu marido está tendo algum dos comportamentos acima, você está presa no Círculo da Escalada Negativa da Exigência/Retraimento, e, segundo J. M. Gottman e N. Silver, se não aplicar os princípios do meu livro (e não der particular atenção ao esfriamento do clima conjugal), é provável que você se divorcie dentro de três anos.

Estágio Três – O Amargo Fim

Neste estágio, você está tão cansada de brigar que começa a desistir. Você pode ter parado de levantar as questões problemáticas porque se encontra no processo do afastamento psicológico. Talvez pense em ter um caso ou faça planos para o futuro nos quais seu parceiro não está incluído. Trata-se de um processo semelhante ao de se conformar com a morte de um ente querido. Primeiro vem a raiva, depois o afastamento e, por fim, a aceitação. Você tenta se convencer de que não se importa mais, de modo que ir embora não vai ser doloroso. Quando o desgaste conjugal chega a esse nível, se alguém lhe pedir para se lembrar dos bons momentos que vocês tiveram como casal, sua memória vai dar um branco. É como se a sua mente se tivesse desligado para que o seu coração não sofra demais quando o relacionamento se desfizer.

> Ben e Josephine estão casados há catorze anos. Ele é dono de uma oficina mecânica. Ela é cabeleireira. Josephine sempre pede a Ben que lhe diga a que horas vai chegar em casa. Ela implora, grita, berra. Ele continua a chegar em casa à hora que quer, em geral às dez da noite; ele se joga na cama e começa a roncar antes de encostar a cabeça no travesseiro.
> – Oi, tudo bem? – ele murmurou, tropeçando, meio bêbado, na porta do quarto.
> – Tudo bem – disse ela do banheiro, enquanto se preparava para encontrar um amigo no lugar combinado. Ela vestiu o casaco e caminhou para a porta da frente.
> – Boa noite – disse ela, impassivelmente, antes de fechar a porta.

Se não aplicarem imediatamente as minhas técnicas, Ben e Josephine logo engrossarão as estatísticas de divórcio. Mesmo que você também esteja no Estágio Três, não entre em pânico. As técnicas que você logo vai aprender ajudaram outros casais desesperados, que já estavam com a caneta na mão para assinar o divórcio, a reacender o amor que julgavam perdido havia muito tempo. Mas antes de vocês poderem resolver os conflitos que transformaram o casamento numa guerra fria, seu coração precisa se acalmar.

Se você vem sofrendo com essas brigas crônicas e se vir presa em alguns dos três estágios mencionados, a próxima coisa que você tem de fazer é identificar e erradicar as Ciladas das Brigas e as táticas incorretas de resolução de conflitos que a separam da harmonia conjugal.

3

O Respeito aos Limites: Como Eliminar as Ciladas das Brigas e as Táticas Incorretas de Resolução de Conflitos

Cada uma das Ciladas das Brigas e cada uma das táticas incorretas de resolução de conflitos deste capítulo põe lenha na fogueira e mantém os casais presos no vórtice das brigas. Se quiser conseguir a harmonia conjugal, você tem de se livrar de todas elas. Antes de passar à identificação dessas Ciladas e de suas táticas incorretas de resolução de conflitos, precisamos descobrir se você de fato está pronta a renunciar a elas.

> Toda noite depois do trabalho, Fred pratica o mesmo ritual, nos mínimos detalhes. Ele larga os sapatos na porta de trás, mergulha em sua poltrona favorita, serve-se de uma dose de uísque, dá uma olhada no jornal e tira uma soneca.

> Nós, humanóides, somos criaturas de hábitos, com uma permanente batalha sendo travada no íntimo de cada um de nós: num nível, queremos seguir em frente e, no outro, queremos manter tudo como está. Faça o teste a seguir.

Se sou honesta comigo mesma, tenho de admitir que me sentiria um peixe fora d'água sem nossas brigas conjugais crônicas fervilhando no âmago do nosso casamento. *Sim ou Não.*

Tenho medo de que não saibamos como nos relacionar um com o outro se pararmos de brigar. *Sim ou Não.*

Temo que, se pararmos de brigar, apareça algum problema pior. *Sim ou Não.*

Meu medo é que, se eu passar a acreditar que as coisas podem melhorar, ficarei terrivelmente desapontada se isso não acontecer. *Sim ou Não.*

> Se disse "sim" à primeira ou à segunda afirmação, você está sofrendo do medo do desconhecido. Trata-se de um medo normal.

Toda noite, Jennifer apronta o jantar de Joseph às seis e meia. Joseph, que é contador, disse-lhe um dia que chegaria cada vez mais tarde à noite com a proximidade do prazo final de entrega das declarações do imposto de renda. Quando isso começou a acontecer, Jennifer se convenceu de que ele estava usando os impostos como pretexto para evitá-la. E quando ele finalmente chegava em casa, ela o atacava violentamente. Ele tolerava calado esse ataque verbal – no final ela se cansaria e haveria paz até a próxima vez. Para Joseph, o fato de ela gritar com ele era parte do casamento – sua mãe sempre gritava com seu pai. Pelo menos, não havia surpresas.

Um dia, Jennifer falou com sua amiga Susan de seu problema com Joseph. Susan, cujo pai também era contador, disse a Jennifer que era comum que este ficasse no trabalho até as onze da noite no período dos impostos. Jennifer percebeu que estava interpretando erroneamente o atraso de Joseph.

Quando Joseph voltou para casa naquela noite, Jennifer não gritou com ele, mas lhe deu as boas-vindas com um beijo e com uma expressão alegre. Joseph se assustou. O que estava acontecendo? Será que Jennifer envenenou minha comida? O que ela quer conseguir de mim? Talvez ela esteja muito excitada e queira me forçar a ter relações... Não agüento mais uma hora e meia acordado... Ainda mais numa noite em que estou muito cansado. Joseph começou a suar. Seu estômago ficou embrulhado. Ele se acostumara de tal modo à sua briga da noite que não tinha a mínima idéia sobre como viver sem ela. Ele estava sofrendo do medo do desconhecido.

É claro que o desconhecido pode ser assustador. Mas a briga crônica é mais ainda. Que riscos você corre se ficar com o conhecido? Figuram entre eles a violência física, a doença, a depressão, a infidelidade e o divórcio. Anote no papel todos os perigos que você tem diante de si se permanecer na mesma situação.

Depois de ponderar sobre todos os terríveis riscos associados à permanência na espiral das brigas, você não se sente mais disposta a correr o risco do novo?

E que dizer das duas afirmações anteriores? – "Temo que, se pararmos de brigar, apareça algum problema pior." "Meu medo é que, se eu passar a acreditar que as coisas podem melhorar, ficarei terrivelmente desapontada se isso não acontecer." Esses dois temores exprimem uma atitude derrotista. Equivalem a dizer: "Já que sei que estou condenada, para que tentar melhorar?" Essa sensação de impotência pode advir do fato de você não ter conseguido resolver seus problemas conjugais. É normal sentir-se derrotada quando as coisas não vão bem. Mas vou transmitir a você técnicas de eficácia comprovada no combate a essa atitude.

Há também um significado mais profundo nessa atitude derrotista. Sua mente usa essa filosofia da impotência para protegê-la da mágoa ou da decepção.

É claro que, se tentar e fracassar, você vai se sentir desiludida. Logo, para se proteger, sua mente convenceu-a a não tentar. ("Para que me dar ao trabalho de tentar se de qualquer maneira vai dar errado?") Na verdade, se você não se empenhar em tentar mudar a situação, você não terá de correr o risco do fracasso, da mágoa ou da decepção. Porém, a ironia é que, não tentando, você fica em falta consigo mesma e com o seu casamento. Lembre-se de que os únicos fracassados são aqueles que não tentam. O primeiro passo para resolver o medo que a mantém presa ao conhecido consiste em identificá-los. Sugiro também que você releia regularmente os três parágrafos acima, pois eles vão ajudá-la a abrandar seus temores ainda mais. Quando os seus medos já não a estiverem segurando pela garganta, você estará pronta a passar para o próximo passo: identificar e eliminar as Ciladas das Brigas que mantêm seu casamento refém.

Nos últimos quinze anos, trabalhei com muitos casais nas mais diversas situações de vida e esse trabalho levou a uma fascinante descoberta: as Ciladas das Brigas não variam sejam quais forem os estados, as classes, a posse de poder, a faixa etária nem qualquer outro tipo de distinção que você possa imaginar. Ou seja, todos os casais em conflito caem nelas.

Quando estava fazendo pesquisas para este livro, examinei a literatura e fiquei surpresa ao não encontrar uma lista abrangente das Ciladas das Brigas. Assim, o que você está prestes a ler é o primeiro levantamento exaustivo delas, que dividi em duas categorias: Guerra Declarada e Guerra Fria.

É importante que você perceba que cada uma dessas ciladas é imperfeita. Estou acentuando isso porque a maioria de nós se entrega a comportamentos que são tão naturais que parecem uma segunda natureza. Por mais "normais" que essas Ciladas possam parecer a você, lembre-se de que elas não são nem "normais" nem saudáveis. Todas elas mantêm e agravam o conflito conjugal, deixando você em luta permanente. Assim, se está comprometida em alcançar a harmonia conjugal, é sábio identificar as Ciladas das Brigas que você e seu parceiro usam e acabar com elas.

As Ciladas das Brigas: Guerra Declarada

Contra-ataques

Em casamentos perturbados, é raro que os parceiros escutem o que o outro diz, e eles não perdem a oportunidade de atribuir a culpa ao outro. O contra-ataque acirra o conflito e impede a resolução.

> MULHER: Eu falei para você não deixar a cueca embaixo da cama.
> MARIDO: Eu lhe disse para não pendurar as meias no chuveiro.
> MULHER: Você sempre tem uma resposta, doutor Perfeição.
> MARIDO: Quem está respondendo é você.

Ataques Verbais

Como você verá no exemplo a seguir, o Ataque Verbal leva a respostas defensivas e a contra-ataques verbais.

Marie está de pé na lavanderia, com a veia azul da têmpora pulsando mais rapidamente do que uma canção de *rap*. Quando Josh entra, ela joga uma toalha molhada na cabeça dele, e a peça se enrodilha, como o turbante de um xeique, ao redor do seu crânio.

– Será que só eu sei lavar toalhas? – ruge ela.

– Ora, como se eu não fizesse nada em casa (defensiva). Não que você perceba (contra-ataque) – grita ele, arrancando a toalha da cabeça.

Contagem de Pontos

Os casais se deixam levar pela contagem de pontos para promover seus egos em erosão – e falaremos disso com mais detalhes no Capítulo 6. Por agora, quero somente mostrar a você como reconhecer a contagem de pontos e as suas variantes. Tenha em mente que uma vez que recorra à contagem de pontos, o casal vai usar qualquer munição necessária para ganhar. Em conseqüência, não é incomum descobrir que todas as táticas descritas nesta seção podem estar criativamente combinadas a fim de tornar o golpe mais forte.

MARIDO: Esta é a quinta vez que eu peço a você para dobrar minhas meias em vez de enrolá-las.
MULHER: Bem, já que estamos contando, esta é a centésima vez que eu lhe peço para parar de encher sua mesa com pilhas de papel rasgado da correspondência rejeitada.
MARIDO: Se você está querendo dizer que eu sou um porco, acho melhor você olhar seu quarto de vestir, que está acumulando uma montanha de lixo!
MULHER: Já que você é tão bom com os números, pegue o telefone. Ligue para sua mãe e diga que vai voltar a morar com ela.

Ganhadores/Perdedores

MULHER: Você se esqueceu de trazer a peça do meu carro.
MARIDO: Puxa, desculpe!
MULHER: Não posso confiar em você.
MARIDO: Eu já pedi desculpas. Você só se satisfaz quando me reduz a lixo.
MULHER: É isso que você é!

Eu Estou Certo/Você Está Errado

Durante um jogo de tênis:
MARIDO: Você não tem de olhar para a rede quando dá uma cortada.
MULHER: Eu não sabia que estava casada com Jimmy Connors!

MARIDO: Eu só estou lhe dizendo como melhorar sua jogada. Você sabe que sou melhor nisso do que você.

MULHER: Sim, você está certo. Você joga melhor, cozinha melhor, faz tudo melhor... Sempre tem de ser especialista em tudo.

MARIDO: Que conversa é essa? Eu nunca disse que era especialista em costura!

Assassínio da Personalidade

Designações ofensivas. Insultos. Humilhações.

MARIDO: Você é uma perdedora nata!

MULHER: Veja só quem fala! Você é o maior preguiçoso!

MARIDO: Mas não sou eu quem morre de medo de pedir aumento.

Generalização

"Você Sempre"/"Você Nunca"

MULHER: Você nunca mais passeou comigo.

MARIDO: E você acha que eu ia querer? Você sempre está brigando comigo!

Lata de Lixo

Jogar numa discussão tudo o que está incomodando algum dos parceiros

MULHER: Não agüento mais ver você dormindo no sofá.

MARIDO: Estou cansado.

MULHER: Você está sempre cansado. Nunca tem tempo para as crianças. Nunca fala comigo. E não é romântico.

MARIDO: Mais alguma coisa?

MULHER: Sim, e não ganha bastante dinheiro.

Jogando Lenha na Fogueira

Quando usam esta armadilha, os casais fazem comentários inflamáveis que sabem que vão irritar o cônjuge. Isso é conhecido popularmente como "pisar nos calos".

MULHER: Tive a feliz idéia de ligar para o meu ex-namorado e pedir para ele sair comigo.

MARIDO: Você sabe como eu fico irritado quando você se vinga de mim tentando despertar meus ciúmes.

Jogo Sujo ou Golpe Baixo

Nesta Cilada, a pessoa que está irritada usa informações fora de contexto para dar um golpe baixo. Por exemplo, digamos que a mulher revele ao parceiro que está zangada porque o chefe lhe disse que o trabalho dela estava desorganizado. Dias depois, ela diz ao marido que ele está fazendo muita confusão em casa. O lutador que dá golpes baixos se vinga da mulher dizendo algo como: "Quem é você para falar? Não foi você que ganhou o troféu Miss Piggy no escritório?"

História Antiga

Quando um cônjuge traz à tona algo que seu parceiro/sua parceira disse ou fez no passado recente ou remoto, chamo isso de Cilada da História Antiga.

> MULHER: Outra vez! Você está olhando para aquela mulher com interesse. Tal como fez com a loura da semana passada.
> MARIDO: Engano seu.
> MULHER: Claro que está! Você vem fazendo isso desde o primeiro dia do nosso casamento... Lembra-se de quando estávamos naquele barzinho na nossa lua-de-mel...?

Explosões

Quando irritado, o parceiro explosivo perde o controle – grita, reclama, xinga e pode até tornar-se abusivo verbal ou fisicamente. Esse comportamento causa no cônjuge vitimado dois efeitos: ou ele se torna um "capacho" ou revida. Neste último caso, é comum que a violência física venha em seguida. Requer-se ajuda profissional quando o comportamento explosivo está presente.

Eu Grande Chefe, Você Indiozinho: Jogos de Poder

Esta tática é usada pela pessoa – em geral, mas nem sempre, o marido – que tem poder sobre o parceiro. O poder se apresenta sob a forma do dinheiro, da melhor aparência ou mesmo de saber que o cônjuge gosta tanto (ou depende tanto) dele que vai preferir aceitar seus abusos em vez de correr o risco de perdê-lo. O cônjuge que usa esta abordagem é o chefe e não há discussão nem colaboração. O grande chefe pode estar muito feliz com sua abordagem, porque de modo geral consegue fazer as coisas à sua maneira. Mas é bom que tome cuidado: o indiozinho provavelmente está acumulando tensão e um dia o chefe pode ver seu escalpo (ou coisa pior) cortado.

> MARIDO: Eu disse que a nossa filha não vai fazer essa viagem e isso encerra o assunto.

ou

Acabou a discussão.

ou

E não se fala mais disso.

Desqualificação do Adversário

MARIDO: Você acha que tem do que reclamar? Eu tenho mais tensões num dia comum de trabalho do que você num mês inteiro.
MULHER: Coitadinho! Que dureza é a sua vida! Quem você acha que acordou esta noite para cuidar de Suzy?

Recrutando Aliados

Atribuir uma dada posição a terceiros ou a membros da família.

MULHER: Até minha mãe falou que você está errado em não pagar o meu novo vestido.
MARIDO: E por que ela mesma não pagou?
MULHER: Ela não é meu marido. Ela disse que, se fosse um bom marido, você pagaria.
MARIDO: O pessoal do escritório acha que eu devia comprar uma mulher mais barata!

As Ciladas das Brigas: Guerra Fria

Na Guerra Fria, os parceiros ainda promovem a escalada dos conflitos, mas agora o fazem de maneira mais sutil, menos aberta. Lembre-se de que a guerra fria também alimenta o conflito conjugal constante.

Atribuição de Culpa

MULHER: Espero que você esteja satisfeito. Você me irritou tanto com suas queixas e reclamações que estou com uma horrível dor de cabeça.

Greve Verbal

MARIDO: Por quanto tempo você vai me ignorar?
A mulher sai do recinto, como se estivesse surda.

Recusa

Para exprimir sua raiva, a pessoa que recusa não dá, consciente ou inconscientemente, aquilo que o outro cônjuge quer.

MARIDO: Já entendi. Sexo agora só quando eu trouxer flores.
ou
MULHER: Você se lembrou de que tínhamos um encontro esta noite?
MARIDO: Eu simplesmente esqueci.
MULHER: Você sempre "esquece" quando eu irrito você na noite anterior!

Sabotagem Silenciosa

Esta Cilada é uma combinação da greve verbal e da recusa. A pessoa, em vez de exprimir verbalmente a raiva, se vinga silenciosa ou indiretamente.

> MARIDO: Agora minha comida sempre passa do ponto.
> MULHER: Não tenho a mínima idéia do que você está falando.
> MARIDO: Você está irritada comigo a semana inteira. Queimou a comida três vezes e estragou três camisas minhas.

Eu Não Disse?

> MARIDO: O banheiro está vazando outra vez!
> MULHER: Eu não disse para não dar o serviço àquele encanador? Você devia ter me ouvido!

Sarcasmo

Em casamentos com problemas, o sarcasmo costuma tomar a forma de uma declaração que comunica uma concordância que na realidade não existe.

> MARIDO (com um sorriso maldoso): Sim, você está certa.
> MULHER: Não me venha com essa. Você não está sendo sincero.
> MARIDO: Mas é claro que estou. Todo marido quer que a mulher faça uma viagem de vinte e cinco mil dólares de volta ao mundo com as irmãs.

Tocaia

Este comportamento é o da pessoa que fica na sombra esperando a hora de um ataque de surpresa ou de cair em cima do cônjuge quando ele está mais fraco.

> MARIDO: Eu não posso acreditar! Justo quando eu estou mal, vem você criticar minhas técnicas amorosas.

Indiretas

Nesta Cilada, o cônjuge não diz diretamente ao outro por que está irritado. Ele espera que estejam em público e faz então observações maldosas alusivas a algum problema. Por exemplo, o casal sai com amigos para jantar. Na noite anterior, o marido estava meio apressado no ato sexual e ela não disse nada. Enquanto o grupo espera à mesa, a amiga da mulher diz:

— Estou com tanta fome que mal posso esperar.

E a esposa responde, em voz alta:

— Você não é a única. Meu marido também é assim.

Reclamar, Queixar-se, Lamentar-se: Os Três Patetas

As mulheres têm particular inclinação para expressar sua raiva de modo indireto, recorrendo a esses comportamentos que não requerem explicação. Trata-se de Ciladas particularmente perigosas porque sempre provocam o retraimento do marido.

Táticas Incorretas de Resolução de Conflitos

Agora que apontamos as várias Ciladas das Brigas, vamos identificar mais alguns pontos de tensão no caminho para a harmonia conjugal. Os impasses na resolução dos conflitos podem se dever a obstáculos universais, ao tipo de casal e a obstáculos individuais – as táticas incorretas de resolução de conflitos de um dos cônjuges ou dos dois.

O principal obstáculo universal à resolução é a ativação do SNA. Assim, quando seu cônjuge parecer não querer colaborar com você, verifique a pulsação ou as têmporas dele; se a autodefesa dele parou de funcionar, você sabe que a ativação do SNA começou. E se a ativação do SNA estiver no seu nível máximo, você tem de esperar para discutir as coisas. Nenhum homem pode sentar-se para tratar de um conflito sem que o seu nível de ativação tenha diminuído. Outros obstáculos universais são apresentados a seguir.

Obstáculos Universais à Resolução de Conflitos

Velhas Cicatrizes

As Velhas Cicatrizes interferem na resolução dos conflitos de duas maneiras. Em primeiro lugar, quando as Velhas Cicatrizes da mulher são ativadas pelo comportamento do marido, sobrévem a ela uma grande perturbação emocional que vai desencadear no marido a ativação do SNA. Da mesma maneira, as Velhas Cicatrizes não-curadas do marido provavelmente interferirão na sua capacidade de negociar com a esposa. Isso, por sua vez, vai deixá-la irritada e provocará nele a ativação do SNA. Discuto no Capítulo 5, de modo completo, as Velhas Cicatrizes, e vou ajudá-la a determinar se elas estão alimentando o conflito crônico e interferindo em seu potencial de negociação. O que se deve lembrar agora é que vocês vão precisar proporcionar um ao outro a necessária cura emocional como precondição da resolução de seus conflitos.

O Efeito Gangorra

Se a ativação do SNA e as Velhas Cicatrizes não estiverem causando a recusa do seu parceiro em colaborar ou negociar, é bem provável que esteja em ação o Efeito Gangorra. Acredita-se que, quando apaixonado, o homem move montanhas para manter esse amor. Contudo, por mais que o homem ame você, o amor e o poder se acham articulados mais ou menos como os assentos de uma gangorra.

Quando o poder está em cima, a propensão a colaborar costuma estar embaixo. Isso leva àquilo que denominei o Jogo de Poder Masculino.

O Jogo de Poder Masculino: a Recusa de Negociar

Muitas mulheres são desprovidas de poder em seu casamento. Ou não ganham tanto quanto o marido ou simplesmente não ganham dinheiro. Em muitos casos, as mulheres precisam do marido para sobreviver, e o marido sabe disso. Infelizmente, *essa situação* cria um desequilíbrio de poder que interfere no potencial de negociação. Pense em termos dos negócios. Sempre que vão à mesa de negociação, duas ou mais partes envolvidas têm – se desejam que a negociação tenha sucesso, isto é, deixe todas as partes satisfeitas – de estar em igualdade de poder ou de recursos. Sem igualdade, uma parte é invariavelmente esmagada.

Muitas mulheres relatam ter se sentido subjugadas durante "negociações". Como me disse Terrie: "Ele sabe que preciso dele e que não posso passar sem ele. Quando as coisas esquentam, ele se apressa a me lembrar onde é a porta da rua." Infelizmente, muitas mulheres vivem com a dor do abuso de poder por parte do marido. Você pode ter certeza de que existem em seu casamento jogos de poder quando seu parceiro comunica, de modo direto ou indireto, que não precisa mudar – você está presa a ele; ou quando você pensa que tem de suportar tudo o que ele faz porque não pode viver sem ele. Betty Carter e J. K. Peters descrevem em seu livro *Love, Honor and Negotiate* [Ame, Respeite e Negocie] o impacto da desigualdade no casamento, detalhando de que maneira alterar o balanço do poder.

O Jogo de Poder Feminino: a Manipulação

Quando os maridos abusam do próprio poder, é comum *que* as mulheres recorram ao único jogo de poder *que* conhecem: a manipulação. A meta inconsciente ainda é ganhar, mas se exprime de maneira sutil, em vez de abertamente agressiva. As cartas do baralho da manipulação podem ser jogadas sozinhas ou em conjunto: gastar dinheiro para se vingar, recusar sexo, ameaçar abandoná-lo, flertar com outros homens, reduzir as demonstrações de amor e/ou fazer que o marido se sinta culpado. Todos conhecem essas táticas. Embora elas possam "funcionar" a curto prazo, porque a mulher pode assim receber o que quer, a manipulação sempre é, a longo prazo, um tiro pela culatra. O cônjuge manipulado se irrita; e a raiva provoca a ativação do SNA, coloca-o na defensiva e faz que ele se retraia. Em suma, não pode haver negociações saudáveis quando o parceiro está na defensiva ou simplesmente ausente.

Por que a mulher iria recorrer a essas táticas ineficazes? Às vezes, a manipulação é a única coisa que a mulher conhece.

A mãe de Lucille era uma mulher passiva que tolerava um marido bêbado e abusivo. Ela nunca podia tratar diretamente com o marido de questões sobre o comportamento dele por causa do seu mau gênio e porque ela precisava do salário que ele ganhava. Desse modo, ela recorria a várias manipulações, tentando com isso controlar o comportamento dele. Ela escondia as chaves do carro ou fingia estar doente para obrigá-lo a ficar em casa e cuidar dela em vez de sair para beber. Lucille aprendeu com a mãe que as mulheres manipulam para conseguirem o que querem. Façamos um corte temporal para vinte anos depois. Quando se sente desprezada, em vez de dizer diretamente que quer atenção, Lucille se queixa de que o ombro dói por causa de ter passado a ferro as camisas dele, e espera que o marido se sinta culpado, desista do jogo de futebol e lhe dê atenção. Por infelicidade, o comportamento dela apenas o irrita e faz que ele se afaste ainda mais.

Por que outro motivo as mulheres recorrem à manipulação em vez de à negociação? Falta a muitas mulheres poder financeiro mas não poder sexual. Tenho certeza de que vocês conhecem mulheres cuja sexualidade é um canhão apontado diretamente para seus cônjuges. Quando é "bom", o marido o consegue; quando não é, fica numa dieta sexual de pão e água. Quando a mulher usa o sexo como instrumento ou arma de poder, sempre o tiro sai pela culatra e ela logo se torna vítima do conflito conjugal crônico. A questão é: a mulher tem de conseguir uma maneira não-sexual de estabelecer o equilíbrio de poderes em seu casamento; e enquanto não o fizer, nenhuma negociação será possível.

Amelia se sentia esmagada pelo marido. Ele costumava ficar até tarde com os amigos, e era surdo aos seus apelos e à sua raiva quando voltava para casa. Só quando ela decidiu aumentar seu próprio poder ao iniciar uma carreira, as coisas começaram a mudar em seu casamento. O simples fato de ela voltar a estudar bastou para alterar o equilíbrio de forças. Amelia não precisou ameaçar se divorciar nem se envolver em outros atos capazes de destruir a relação (como ter um caso). Ela simplesmente seguiu em frente com a sua vida. Foi tudo o que precisou para comunicar sua mensagem: recuso-me a deixá-lo me sufocar. Darei continuidade à minha vida com ou sem você. A expressão desse alerta foi bastante eficaz, dado que o marido de Amelia percebeu que a amava e não desejava perdê-la. Ele começou a melhorar o comportamento e negociou um arranjo mais aceitável.

É bem comum que a tomada de decisão por parte da mulher que está pronta, disposta e capaz de mudar baste para tocar o despertador do marido. Essa simples mudança mental faz a gangorra mudar de posição; de repente, o marido percebe que a ama muito e pára com a queda de braço.

Estabelecer o equilíbrio de poderes é uma maneira de aprimorar a capacidade de barganha, mas ainda pode haver outros obstáculos à negociação. Trata-se de barreiras que operam no nível do casal.

Tipo de Casal e Bloqueios à Resolução de Conflitos

Em seu estudo clássico, M. A. Fitzpatrick identificou quatro tipos básicos de casais: Tradicionais, Separados, Independentes e Mistos. E, como você vai ver, cada tipo é propenso à sua própria modalidade peculiar de negociações insalubres de conflitos. A compreensão do seu tipo de casal vai lhe fornecer elementos sobre os empecilhos que afetam sua negociação, e as técnicas de negociação estruturada apresentadas mais adiante neste livro vão torná-la capaz de evitar esses bloqueios.

Os casais Tradicionais são como Ozzie e Harriet. Eles têm um modo antigo de ver os papéis sexuais e a divisão das tarefas domésticas, e tendem a concordar entre si no tocante a preocupações conjugais e familiares. Em conseqüência, os Tradicionais apresentam a menor proporção de conflitos conjugais. Não que estes não existam. A tendência da mulher Tradicional de contornar áreas de conflito e esconder os seus sentimentos deixa-a em risco de ficar deprimida ou de ser afetada por doenças psicossomáticas que podem incluir a dor de cabeça causada por tensão e os distúrbios estomacais e intestinais. Do mesmo modo, sentimentos reprimidos podem desembocar em explosões periódicas de raiva. Para essas mulheres, talvez seja necessário aprender a abordar diretamente áreas de conflito, de modo especial se estiverem com sinais de esgotamento emocional.

Os Separados são o que diz o nome. Tendem a viver apartados um do outro, passam muito tempo sozinhos e revelam aos amigos a parte maior dos seus verdadeiros sentimentos. De acordo com as pesquisas, os Separados evitam o conflito direto com o parceiro. Ao que parece, esses casais mantêm distância para evitar desencadear as emoções intensas que espreitam por trás de sua fachada de indiferença. Se ambos os parceiros estiverem contentes com esse arranjo, não há problema, ao menos a curto prazo. Porém, o mais comum é que uma ou as duas partes despertem – por exemplo, quando conhecem alguém que os atrai – e percebam que não têm um relacionamento com o cônjuge. Nesses casos, o casamento acaba bem depressa. Se os Separados decidirem enfrentar o mar da separação emocional e tratar de suas áreas de conflito, devem ter a certeza de que dominam totalmente todas as técnicas de Identificação Parcial e de Escuta, analisadas nos Capítulos 7 e 8, antes de tentar resolver quaisquer conflitos.

Os Casais Independentes são seguros em suas comunicações e se vêem freqüentemente envolvidos em conflitos sobre questões grandes e pequenas. Há pouco acordo sobre a divisão de tarefas domésticas ou sobre as exibições de afeto, e eles discutem com freqüência sobre a separação e o divórcio. Nas pesquisas, os Independentes se vêem como pessoas que se revelam facilmente, mas vêem os parceiros como pessoas que não se dispõem a fazer o mesmo. Esses casais precisam tomar consciência de sua tendência a negociar os problemas triviais, bem como aprender a distinguir o grande do pequeno. Além disso, como se envolvem em exibições declaradas de conflito, os Independentes devem aprender a se comunicar de maneira menos ardorosa e, alternativamente, a escutar e se auto-revelar, atividades extremamente necessárias nos casamentos de Independentes.

Os Casais Mistos podem exibir algumas ou todas as características acima, devendo adotar as recomendações que se aplicam ao tipo de casal com que mais se assemelham.

Obstáculos Individuais

As barreiras à resolução de conflitos podem também agir no nível individual. Se quer resolver seus conflitos, você tem de identificar – renunciando a elas – as táticas incorretas de resolução de conflitos que aprendeu na família de origem. Descrevo a seguir as táticas deficientes empregadas por muitos indivíduos.

Ceder

A pessoa que cede (em geral a mulher) tenta resolver conflitos cometendo um suicídio psicológico. Ela se varre para debaixo do tapete ao ceder mesmo em questões que julga muito importantes. Os motivos disso incluem: o medo do confronto, que em geral vem de sentimentos de dependência e de impotência; medo de irritar o cônjuge; o receio do abandono; pouca auto-estima (querer que gostem dela); ou o medo de dizer ou fazer coisas horríveis quando está com raiva. O cônjuge que cede costuma racionalizar os sentimentos dizendo a si mesmo: "Isso não é importante", "A paz é melhor do que a briga", "Deus ama os humildes", "Quem sou eu para impor o que penso?" ou "Eu o amo e tenho de fazer concessões".

> MARIDO: Você não anda cozinhando nada bem. Eu já lhe disse que esse prato tem um gosto horrível.
> MULHER: Desculpe, querido. Eu não faço mais isso.

Também é comum que a pessoa que cede suporte todo tipo de abusos e nunca aborde seus próprios sentimentos de raiva. Ela vive na ilusão de que, se tolerar todas as pedras que jogarem nela, o parceiro finalmente vai recompensar sua paciência. Em vez de ser recompensada, a pessoa que se comporta como um capacho está cavando um túmulo mais profundo para si mesma; e em vez de conseguir apreciação e amor, sua tolerância treina o parceiro a continuar a maltratá-la, o que faz que o conflito persista dissimuladamente.

A Evitação Habitual do Conflito: a Política da Ostra

Esta tática tem por base enganar a si mesmo: iludir-se com a idéia de que, se for ignorado, o problema vai embora. Por exemplo, o marido chega em casa tarde, tendo passado horas jogando sinuca num clube noturno com os amigos, e a mulher, julgando que ele vai amadurecer e sair dessa fase, nunca diz uma palavra.

Quaisquer que sejam as defesas usadas – negação, evitação, concessão ou tolerância –, o problema vai continuar até ser abordado diretamente e resolvido. Os problemas nunca desaparecem quando os ignoramos ou desejamos que se vão. Além disso, o que não melhora piora, porque a aceitação silenciosa reforça o comportamento do parceiro que maltrata o outro.

Pessoas que habitualmente evitam o conflito não o fazem de comum acordo, mas porque um dos cônjuges, ou os dois, teme o conflito aberto por alguma das razões mencionadas nas páginas precedentes. A resolução de conflitos não ocorre enquanto se evitarem as questões problemáticas.

O Combate Permanente

Quando está em combate permanente, a pessoa discute e debate toda e qualquer coisa. A característica central desse comportamento é contestar todos os detalhes, por mais ínfimos que sejam. Um exemplo disso é:

– Não gostei do que aconteceu na casa da sua mãe sexta-feira...
– Foi quinta.
– Está certo, quinta. Seja como for, quando ela disse que deveríamos economizar mais dinheiro...
– Não foi bem isso o que ela disse.

As pessoas que vivem nesse clima vão se desgastando mutuamente, detalhe por detalhe. Só haverá resolução quando esse comportamento acabar.

Falta de Cooperação

A falta de cooperação tanto pode ser um sinal da ativação do SNA como um indício de que as Velhas Cicatrizes estão se imiscuindo nas coisas. A pessoa que encontra dificuldades para cooperar pode ter um senso deficiente de si mesma e crer que cooperar significa perder a própria identidade. Aos 2 anos, a maioria das crianças define a sua identidade opondo-se aos pais. Dizer "não" significa "eu sou eu, e não você". Se alguma coisa der errado nesse estágio do desenvolvimento emocional – se, por exemplo, nunca deixarem a criança flexionar seus músculos da individuação –, a pessoa permanecerá presa nesse estágio e sempre tentará compensar os problemas da infância recusando-se a cooperar quando adulta.

Seu cônjuge pode não cooperar com você por outro motivo. Se os pais dele nunca cooperaram um com o outro, ele não saberá como se comportar de uma maneira que nunca lhe foi mostrada. Se a recusa crônica a cooperar prosseguir depois de você ter aplicado as técnicas de cura desse tipo de Velha Cicatriz (ver o Capítulo 5) e mesmo depois que você tiver esfriado as discussões (ver o Capítulo 7), está na hora da ajuda profissional.

Controle

O comportamento controlador cria a ilusão de que os conflitos se resolveram. Porém, como eu disse na Cilada do Eu Grande Chefe/Você Indiozinho, essa tática irrita o cônjuge que está sendo reprimido e, a longo prazo, cria mais conflito. A incapacidade de soltar as rédeas esconde o medo de que o outro assuma o comando. Para ajudar seu parceiro a sentir-se seguro o bastante para colaborar, você precisa tentar conseguir respostas em todas as fases das suas discussões de conflitos (dizendo, por exemplo: "O que você acha disto?"; "O que você sugere?").

Competição: a Necessidade de Vencer a Todo Custo

Muitos cônjuges angustiados abordam as negociações de conflitos como adversários, tentando defender seus próprios interesses. É a isso que os teóricos do jogo dão o nome de jogo de soma zero: aquele em que um parceiro ganha tudo e o outro perde tudo. Casais que usam essa tática vão usar quaisquer das Ciladas, ou todas elas, a fim de obrigar o oponente a jogar a toalha.

Por que ganhar é tão importante para os casais infelizes? Em casamentos perturbados, põe-se mais energia em ganhar do que em alimentar o relacionamento e um ao outro. Nesse ambiente árido em termos emocionais, o ego de ambos os parceiros sofre erosão; uma maneira fácil de promover um ego fraco é ganhar. Por infelicidade, ganhar a todo custo produz um círculo vicioso: a auto-estima do vencedor se eleva, mas a raiva residual do perdedor promove a escalada do conflito, o que reduz ainda mais a auto-estima dos dois. Para transpor esse impasse, um de vocês tem de ceder. Quando você puxa o tapete de debaixo de sua luta pelo poder, ela logo acaba – quando um não quer, dois não brigam. Quando a luta pelo poder se dissolve, a resolução de conflitos pode começar.

Só os Maricas Cedem

A crença de que só os maricas cedem à esposa é uma atitude masculina comum. Sabemos que a socialização dos homens os induz a dominar, de maneira que, ao que parece, o condicionamento cultural está na base da dificuldade do homem de ceder à mulher. Mas não é só isso o que está envolvido aqui. Por trás da fobia que o homem tem de ser maricas há outro temor mais profundo: o de ser aniquilado. Quando tem medo de ceder, ele acha que, se se curvar diante da esposa, mesmo uma única vez, ela vai dominá-lo eternamente e seus testículos serão pendurados como troféus no criado-mudo do lado dela. Para o homem que tem esse medo, sua posição inflexível o ajuda a viver na ilusão de que tem o controle. Se o seu marido tem essa fobia, você precisa convencê-lo de que compromisso não é sinônimo de castração. Ele precisa que você o tranqüilize com relação ao desejo de que as necessidades dele sejam atendidas e quanto à idéia de que você pretenda devorá-lo.

Jogar Só Para Si

Os casais infelizes costumam fracassar em suas negociações porque não jogam pelo time. Em contrapartida, os casais felizes se aproximam da mesa de negociação como membros de uma equipe, e não como adversários. Os dois indivíduos têm de saber que uma solução que não seja aceitável para um e outro nada tem de solução. Eles não devem só trabalhar como equipe, mas na verdade tratar o relacionamento como uma pessoa separada que deve ser bem tratada e respeitada. Em todas as negociações, os parceiros se empenham numa solução que seja boa para o relacionamento. Eles sabem que, se o relacionamento florescer, os dois serão felizes. Mas nos casamentos infelizes cada cônjuge continua a viver como pessoa isolada. Nestes últimos casos, as necessidades, os hábitos e os amigos têm a prioridade, ficando o relacionamento com as sobras.

Falta de Criatividade

Quando as brigas de casais se estendem por um dado período, começa a se estabelecer um padrão. Expliquei a razão disso no Capítulo 1: o conflito crônico leva a um estado permanente de ativação do SNA que provoca, por sua vez, a perda das funções cognitivas superiores, incluindo o pensamento criativo. Logo, temos mais um círculo vicioso agindo aqui. Enquanto as suas brigas continuarem irresolvidas, a ativação do SNA vai prevalecer, o que significa que você não pode esperar que o seu marido apresente uma solução criativa para o problema de vocês. E o que você pode fazer então? Em primeiro lugar, você precisa se acalmar; em seguida, precisa ser capaz de pensar criativamente. Depois, registre por escrito toda solução possível que você consiga conceber. Se for necessário, peça idéias aos amigos. Acalmar-se e pensar de modo criativo vai fazer que você percorra o caminho que leva à resolução.

Acabei de apresentar a você todas as Ciladas das Brigas e todas as táticas incorretas de solução de conflitos descobertas pelas minhas pesquisas. Essas ciladas e táticas têm uma coisa em comum: são o resultado da raiva transformada em atos. Quando transformada em atos, a raiva suscita uma ação contrária, um comportamento de retaliação. Dentro de pouco tempo, os casais se vêem enredados numa teia de vingança e contravingança.

O importante a ter em mente é que, sejam quais forem as Ciladas ou táticas incorretas a que você dê preferência, cedo ou tarde todos esses comportamentos acirram seus conflitos. Quanto mais violentas as brigas, tanto mais o seu marido vai se retrair; e quanto maior o retraimento do marido, tanto maior o conflito.

Eu sei que não será fácil renunciar às suas Ciladas e táticas incorretas. Mas como você está decidida a salvar o seu casamento, não há outra coisa a fazer. Eis como você deve proceder: em primeiro lugar, assegure-se de ter identificado as táticas incorretas de resolução e as Ciladas das Brigas; em segundo lugar, tome a resolução de eliminá-las. E, a partir de agora, sempre que se irritar, faça uma pausa antes de reagir. Isso vai lhe dar a oportunidade de impedir que você caia outra vez nos velhos maus hábitos.

Tendo eliminado suas Ciladas e táticas incorretas, é provável que você se sinta pronta para baixar a guarda e começar a negociar. Mas não com tanta rapidez. Aperte o cinto para um grande problema conjugal: as Guerras dos Sexos.

4

A "Frente Avançada" da Batalha: As Guerras dos Sexos

Até aqui eu disse que a maioria das batalhas conjugais acontece quando as mulheres se queixam e reclamam e os maridos se retraem. Há porém uma arena em que os papéis costumam se inverter: o sexo. Na primeira parte deste capítulo, explico por que os conflitos conjugais acirrados são um balde de água fria para o desejo sexual da mulher. Em seguida, discuto o fato de que a falta de compreensão das diferenças entre a sexualidade masculina e a feminina leva a tipos específicos de conflito. Por fim, examino os Jogos de Guerra Sexuais, as discussões acaloradas por causa do sexo que, de modo geral, mascaram outras questões, de natureza não-sexual.

Raiva e Insegurança: o Melhor Método de Controle da Natalidade

Muitas mulheres não derramariam uma única lágrima se nunca mais tivessem contato sexual com o marido; em contrapartida, os maridos as perseguem, pedindo e implorando sexo. A "frente avançada" da batalha afeta milhões de casamentos, sendo a principal área em que os homens, e não as mulheres, fazem as exigências. Não estou dizendo que as mulheres nunca persigam os homens para ter relações sexuais. E mais adiante, neste mesmo capítulo, falaremos sobre o que faz que os homens percam o desejo sexual pela esposa. Por agora, contudo, discutamos o cenário mais comum: um marido que sobe pelas paredes por causa de sexo e uma mulher com uma dor de cabeça terminal.

A expressão técnica para a diminuição do impulso sexual é *desejo sexual inibido*, condição que afeta muitíssimas mulheres casadas. O que há no casamento que deixa muitas mulheres sem apetite sexual? A falta de segurança.

A necessidade de segurança está profundamente arraigada na programação biológica da mulher e explica por que as mulheres escolhem historicamente homens que possam dar sustento financeiro para elas e os filhos. Nesta era da independência financeira feminina, muitas mulheres já não precisam ser sustentadas pelos homens. Mas dados estatísticos revelam que o instinto de ser protegida ainda determina a escolha de um parceiro pela mulher, isto é, mulheres independentes financeiramente continuam escolhendo homens que tenham ainda maior sucesso do que elas em termos de dinheiro. Se o dinheiro fala, a biologia grita.

A necessidade de segurança não é satisfeita apenas pela escolha do parceiro com sucesso financeiro. A mulher também precisa se sentir segura no casamento. Quando a mulher se preocupa com a possibilidade de a união não sobreviver (como ocorre num clima de conflito crônico), seu corpo fecha automaticamente o canal sexual. A última coisa que ela quer é um filho sem pai para sustentar. E embora possa ter relações sexuais e evitar a gravidez, graças ao controle da natalidade, sua programação biológica não se dá conta disso. Aí está a explicação do motivo pelo qual mulheres com problemas conjugais colocam uma barreira ao sexo bem antes de pensar em usar seus diafragmas.

O Marido como Provedor Emocional

Para se sentir segura no casamento, a mulher precisa de mais do que um clima não dominado pelas discussões. Ela também precisa da garantia de que o marido ficará com ela para sempre. Essa garantia era oferecida até há pouco tempo pela instituição tradicional do casamento, que proibia o divórcio. Hoje, contudo, este último é tão comum que cria na mulher uma insegurança básica. Em conseqüência, para se sentir seguras, agora as mulheres exigem uma garantia adicional de que o casamento dure "até que a morte nos separe". Como essa garantia já não depende do controle exterior da sociedade (o casamento já não é indissolúvel), cabe ao marido fornecê-la. E a única maneira pela qual o marido pode persuadir a mulher do seu total compromisso com ela são os lembretes freqüentes de que é devotado a ela. O que era tido por certo no passado tem de ser reafirmado de modo explícito repetidas vezes. Ou seja, a forma e o alcance do papel de provedor que se espera dos homens sofreram uma drástica expansão. É crença minha que essa nova expectativa é uma mutação da nossa necessidade biológica intrínseca de receber proteção e sustento.

Tranqüilizar a mulher quanto à sua devoção e amor eternos é apenas o primeiro modo pelo qual o marido a provê de segurança emocional. O próximo passo consiste em fornecer à mulher provas de que suas palavras de amor não são sons vazios destinados a excitá-la sexualmente. Essas melodias e os efeitos que se pretende alcançar com elas vão ter vida curta se o marido não demonstrar de modo coerente à mulher como ela é importante para ele. Quando ele dá atenção aos sentimentos dela – positivos ou negativos – e mostra que se importa com as necessidades que ela tem, a mulher sente que ele a ama e deseja permanecer casado para sempre.

E as exigências feitas ao homem como provedor emocional não param aí. Se quiser desenvolver na mulher um sentimento total de segurança, o marido também tem de aprender a comunicar a ela os seus sentimentos negativos. Vendo o marido calado, a mulher se preocupa com a possibilidade de ele estar acumulando uma montanha de ressentimentos e de que ele um dia se levante e vá embora. Sendo informada com regularidade do estado emocional dele, ela pode ajudá-lo a purgar esses sentimentos por intermédio da compreensão que mostra para com ele e, se necessário, pode mudar os aspectos do seu comportamento que provocam nele sentimentos negativos. Sua atitude de informá-la periodicamente a esse respeito proporciona à mulher uma sensação de controle do clima emocional do casamento que, por sua vez, é fonte de uma profunda sensação de segurança.

Quando as necessidades íntimas da mulher não são levadas em conta pelo marido, quando ela não sente nele nenhuma ressonância, quando não há comunicação mútua, quando há um clima de indiferença e, é claro, quando há conflito e ressentimento em demasia, o alerta biológico da mulher se acende e seu impulso sexual se desliga. A biologia da mulher lhe diz: este homem já não parece seguro; não sei se esse relacionamento vai durar. Se vamos nos separar, a última coisa que eu quero é um filho. Não se pode enfatizar o suficiente que o impulso sexual feminino fica paralisado quando a mulher se sente insegura em termos emocionais ou irritada com o parceiro.

Por infelicidade, o vínculo emocional de que a mulher precisa para se sentir excitada requer por acaso um tipo de relacionamento que os homens – sem nenhuma culpa – não foram treinados para proporcionar. Desse modo, você começa a perceber por que milhões de mulheres casadas não têm desejo sexual e por que surgem conflitos nessa área. Não me entendam mal. Eu não estou dizendo que as mulheres não devam aspirar a uma ligação emocional maior. Digo apenas que a sociedade não treinou os homens para atender a essa nova expectativa cultural. Mas não se preocupe; seu marido será um Provedor Emocional perfeito se você seguir os conselhos que ofereço neste livro.

Se quiserem que a mulher esteja sexualmente receptiva ao seu assédio ardente e a lhes conceder de bom grado o abraço sexual pelo qual anseiam, os homens vão seguir o meu conselho. Do contrário, ficarão sexualmente frustrados e paralisados em batalhas fúteis tendo o sexo por objeto.

As discussões por causa do sexo também podem advir da compreensão errada da natureza da sexualidade masculina, assunto que discuto a seguir.

Segurança versus *Variedade*

Um dos maiores desencadeadores da insegurança, e que constitui uma costumeira fonte de conflito conjugal, vem à tona quando a mulher não entende a biologia sexual masculina. Lembro-me de ter ouvido por acaso uma conversa entre dois homens que era assim:

MIKE: Você já esteve tão doente que recusou a sua mulher?
FRED: Uma vez eu estava tão doente que fiz isso.
MIKE: Eu podia ter uma febre de quarenta graus mas não recusaria a minha mulher.
FRED: Eu disse doente!

Essa conversa mostra bem a essência da biologia sexual masculina. Em cada ejaculação, são lançados 300 milhões de espermatozóides que se dirigem a apenas um óvulo. Uma vez que esse ovo seja fertilizado, a mulher fica desmobilizada por quase um ano. Mas o homem pode, pelo resto de sua vida, engravidar uma nova mulher todos os dias (e duas aos domingos). Os homens têm um estoque infinito de esperma, que costuma ser produzido até a morte. As mulheres têm um número limitado de óvulos; só conseguem engravidar em alguns dias do mês e só reproduzem durante uma parte de sua vida.

Para garantir a continuidade da espécie, a biologia sexual masculina foi projetada para que os homens possam engravidar o maior número possível de mulheres, e com a maior freqüência possível. A biologia sexual do homem é igual ao leitor de código de barras do supermercado: sua meta é processar o máximo de mercadoria com o máximo de rapidez. Mas o que significa tudo isso no contexto do casamento moderno? Simplesmente que os homens não foram feitos para a monogamia; é o amor pela mulher que os mantém fiéis apesar de uma tremenda programação biológica contrária a isso. A maneira pela qual os homens expressam seu amor é buscar a variedade sexual no casamento. Eles costumam querer praticar sexo em lugares diferentes, bem como de maneiras ou em posições esquisitas. Há até os que gostam que a mulher se vista como outras mulheres. As esposas costumam reagir a esses pedidos ficando magoadas: por que eu não sou bastante para você? Você não me ama suficientemente! Na verdade, ao tentar resolver seus ímpetos biológicos na companhia da mulher, em vez de buscar satisfação em algum outro lugar, o marido está dizendo: "Eu te amo."

Eu sei que toda essa conversa sobre dados biológicos faz parecer que reduzo os seres humanos a macacos – ou a esperma e óvulos. Ao exagerar um pouco, tento ajudar você a compreender de que maneira as diferenças básicas entre a sexualidade masculina e a feminina alimentam o conflito sexual. Compreender as bases biológicas de suas batalhas sexuais é o primeiro passo para a resolução delas.

Gostos Sexuais Diferentes

Deixemos de lado agora a biologia para ver se é possível compreender que outros motivos causam as batalhas sexuais. É muito comum que os membros do casal entrem em conflito por causa das diferenças de gosto sexual: um gosta de sexo oral, que não é a preferência do outro; o marido gosta de sexo anal, mas a mulher começa a se enfezar sempre que a questão vem à tona. Nenhum deles está certo ou errado, mas as diferenças em termos de valores e gostos costumam ser fonte de grandes conflitos. Quando os casais se vêem presos em batalhas relativas ao seu pomo de discórdia particular – ou talvez eu deva dizer macieira –, essas lutas ficam bem feias.

Mal se passara um ano do casamento de Carole e John e a mulher estava vivendo uma situação difícil. John vinha trabalhando até tarde havia meses (esperando conseguir uma posição de gerente na firma de contabilidade), e mesmo quando estava de folga vivia com o nariz enterrado em registros. E, mais do que isso, desenvolvera um estranho distúrbio sexual, que Carole chamou de "orgasmo prematuro": ele disparava no ato sexual antes de ela estar preparada, acabava o "trabalho" rapidamente e mergulhava num sono ponteado por roncos, afundando no travesseiro. No início, Carole se sentia magoada e ensopava o travesseiro de lágrimas. Mas logo sua mágoa se transformou em raiva.

Uma noite, depois de John ter tido o seu orgasmo, ela tocou no ombro dele e murmurou, com ar de desdém:

– Escute, Senhor Contador... Já ouviu falar das graves penalidades por recisão precoce de contrato?

– Muito engraçado. Já que sabe tanto sobre isso..., você deve saber por que casar é chamado de "se enforcar".

– Diga por que é!

– Isso é o que acontece com o pinto do homem!

Os conflitos sexuais de Carole e John se tornaram o que eu chamo de Jogos de Guerra Sexuais. Mas não se engane; quando o sexo se torna um campo de batalha, a situação não é brincadeira.

Jogos de Guerra Sexual

Você já se perguntou por que muitos casais acabam jogando seus ressentimentos na arena sexual? A pesquisa mostra que, dentre todos os relacionamentos humanos, o casamento é o que produz as mais fortes reações emocionais, a raiva em especial. Quando a raiva entra em cena, você tem um problema nas mãos, dado que, se for como a maioria das pessoas, você não sabe comunicar a sua raiva de forma construtiva. Como eu já disse, a maioria das pessoas *age* a partir de sua raiva, o que requer uma contra-reação – de modo geral, a vingança ou a retaliação. Vingança e retaliação são formas de descontar o que o comportamento do outro causa ("Isso não vai ficar assim!"). A meta é atingir o outro no lugar onde dói. E, como você adivinhou, o sexo é onde realmente dói.

Jogos Femininos de Guerra Sexual

Elaine é quente – não sexualmente: ela tem um temperamento explosivo. Durante cinco anos, tentou fazer Patrick compreender que ela precisa de mais preparação antes do ato sexual. A esta altura, ela está tão saturada e cansada de discutir com esse homem pouco compreensivo que decidiu revidar – ela decidiu recusar o sexo e, ao mesmo tempo, dar-lhe uma pequena lição. Na manhã de domingo, Patrick se ofereceu para lavar a louça, um claro sinal de que o seu desejo sexual alcançara proporções atômicas. Chegara a chance de Elaine.

Enquanto enxugava o último prato, Patrick sorriu e disse:

– Querida, que tal uma festinha particular?

– Que tal um aperitivo antes da entrada? – resmungou ela enquanto arrumava as meias lavadas.

– O que você quer dizer com isso? – disse ele, vermelho como uma pimenta.

– Quero dizer que sexo só quando houver preliminares dignas do nome.

– Mas você sempre tem preliminares!

– Tenha paciência; você devia ser chamado de "o rapidinho"!

– Por que você não admite que é fria? Minhas outras namoradas nunca reclamaram – exclamou ele.

– Elas estavam muito ocupadas fingindo para reclamar!

Condenar Patrick a uma dieta sexual de pão e água é a maneira que Elaine tem para castigá-lo. Durante séculos, o único poder da mulher foi a sua sexualidade. No drama *Lisístrata*, de Aristófanes, as mulheres atenienses fizeram greve de sexo para encerrar uma guerra. Ao longo dos séculos, as mulheres têm sido capazes de forçar os homens a matar dragões, a roubar bancos, a casar com elas – ou a fazer qualquer outra coisa que desejem. Apesar de as mulheres modernas terem na vida mais poder do que suas antecessoras, muitas delas ainda manejam sua sexualidade como um instrumento de poder. Você não acreditaria quantas vezes por semana ouço mulheres casadas e infelizes dizendo: "Vou dar um jeito nele; vou deixá-lo sem sexo." Outra variante dessa abordagem é "Nada de sexo oral", e há também "Não vou me embelezar para ele". As mulheres que usam essa forma de vingança não se dão conta de que, na verdade, estão castigando a si mesmas, visto que vingança gera vingança.

Jogos Masculinos de Guerra Sexual

É raro que os homens recusem sexo como uma maneira de se vingar da mulher. (Mesmo que quisessem recusar, eles teriam de enfrentar 300 milhões de espermatozóides pedindo-lhe que lhes proporcione o lançamento!) Se é assim, como é que os homens se vingam das mulheres?

Sabemos que as mulheres ficam magoadas e irritadas quando não são atendidas suas necessidades mais íntimas. Os homens ficam irritados e prontos a se vingar quando suas necessidades de reconhecimento e admiração não são atendidas. É fácil imaginar o cenário. A mulher, sentindo que o marido negligencia suas necessidades emocionais ou sexuais, começa a se queixar do comportamento dele. Lá se foram o reconhecimento e a admiração tão necessários ao marido. Não me refiro ao fato de ele merecer ou não reconhecimento. Tudo o que eu digo é que, quando os homens se sentem desprezados pelas mulheres, duas coisas acontecem: (1) eles perdem a motivação para dar às mulheres o que elas querem (preliminares, mais carinho, uma comunicação melhor); e (2) eles buscam admiração fora do casamento, de modo geral na forma de um caso. Se você perguntar a um homem por que ele teve um caso, 99 por cento dirão que não foi por falta de sexo, mas por não estarem recebendo suficientes demonstrações de apreciação da mulher.

O Sexo como Campo de Batalha por Causa de Questões Não-Sexuais. Lendo nas Entrelinhas.

Quando um dos parceiros ou os dois estão envolvidos em Guerras Sexuais, sempre suspeito de que há alguma outra coisa no casamento que apresenta problema. Seja qual for a batalha sexual declarada, os Jogos de Guerra Sexuais costumam ser expressões simbólicas de outras questões mais profundas, como o medo da intimidade, da dependência, do abandono e/ou da perda de controle.

Jack amava a mulher, mas havia um problema entre eles: ele queria sexo constantemente e a mulher não estava disposta a satisfazê-lo. Ele logo parou de pedir sexo e começou a ter vários casos. Evonne ficou desesperada. Ela julgava que Jack já não sentia atração por ela e não conseguia compreender o motivo de ele parar de abordá-la com objetivos sexuais. Ela tentou abordá-lo, empenhou-se em introduzir novidades no sexo e mudou por inteiro de aparência. Isso de nada adiantou. Quando veio a mim, o casal estava à beira do divórcio.

Estava claro que a necessidade que Jack sentia de sexo constante e variado tinha um sentido mais profundo. Era a hora de fazer algum trabalho de detetive de alcova. Então usei minha técnica de Leitura nas Entrelinhas para perceber o real significado da insaciabilidade sexual de Jack. Eu perguntei a ele:

Como você se sente quando não tem a quantidade de sexo que deseja?
Como se sente quando realiza seus desejos com mulheres estranhas? Isso o satisfaz?
O que falta no seu casamento, se é que falta alguma coisa?
O que você está escondendo dentro de si mesmo?

Que lacuna você tenta preencher (não estou fazendo trocadilho) dentro de si mesmo ao fazer sexo com muitas mulheres?

Mergulhando na formação de Jack, descobri que o pai dele era mulherengo e abandonara a família quando Jack ainda era muito pequeno. Seguindo os passos do pai namorador, Jack vivia inconscientemente com o pai ao lado. Assim, seus atos de infidelidade eram provocados pela necessidade inconsciente de preencher seu vazio interior. O problema residia no fato de que, ao trair a mulher, ele prejudicava o amor que o esperava em casa. Quando Jack compreendeu isso, aconteceu um milagre: ele pôde renunciar aos seus casos extraconjugais e, a partir desse dia, viveu literalmente feliz para sempre.

O que importa ter em mente aqui é que os conflitos sexuais só em pouquíssimos casos são o que parecem. Tome como outro exemplo a questão que prometi discutir neste capítulo – quando a "frente avançada" não avança. Steve era um homem que perdera todo o desejo sexual pela mulher. Era fácil supor que o seu era um problema sexual. Talvez sua mulher, Joanne, não cuidasse de si mesma, pode ser que o sexo tivesse caído na rotina ou, então, que o trabalho o cansava demais. Resisti à tentação de supor isso. Mais uma vez, usei minha técnica de Leitura nas Entrelinhas e fiz perguntas como:

Há quanto tempo existe esse problema?
O que mudou na vida e na relação do casal?
O sexo já foi bom entre vocês? Se foi, quando deteriorou?

Descobri que a vida sexual do casal havia sido ótima até nascer o primeiro filho. Mas a diminuição do desejo de Steve não se devia aos motivos usuais (raiva irresolvida, *stress*, doença, estafa ou o fato de a mulher ter-se tornado menos atraente). Assim, precisávamos examinar melhor de que maneira o nascimento do filho tinha que ver com a sua síndrome de "falta de energia". Steve lembrou-se de um episódio da infância em que sua mãe estava diante dele com um vestido cor de narciso silvestre. Ele se lembrava de que isso provocava nele uma carga de sensações sexuais seguidas de um forte sentimento de culpa. Agora tínhamos a chave para o enigma. Quando Joanne se tornara "mãe", a culpa inconsciente do marido por ter sentido atração pela própria mãe fez que ele deixasse de ligar sua sexualidade à mulher. Quando reconheceu o problema mais profundo que estava em ação, quando se deu conta de que não era pecado ter sentido atração pela própria mãe, Steve pôde permitir a si mesmo, mais uma vez, sentir atração pela mulher.

Ler nas Entrelinhas é como tirar as camadas de uma cebola: na primeira camada, descobrimos que as batalhas sexuais costumam refletir questões conjugais mais profundas que nada têm a ver com o sexo. Depois, quando retiramos a camada seguinte, descobrimos que os conflitos sexuais acirrados são alimentados por outras mágoas mais profundas que vêm da infância. No próximo capítulo, tratarei sistematicamente dessas Velhas Cicatrizes.

5

Ferimentos de Guerra: Como as Mágoas da Infância Provocam o Conflito Conjugal Crônico e Como Curá-las

As brigas conjugais crônicas são causadas pelas Velhas Cicatrizes da infância. Neste capítulo, vou ajudá-la a identificar os sofrimentos precoces específicos que criam seu sofrimento marital e vou mostrar a você maneiras eficazes de tratar deles.

Falo de cura eficaz porque, deixada a seus próprios recursos, a mente inconsciente tem uma maneira ineficaz de tentar curar nossos traumas psicológicos: reconstituir com o nosso cônjuge os eventos dolorosos do passado, com a esperança de conseguir dessa vez um melhor resultado. Por infelicidade, nossos esforços geralmente fracassam e as discussões amargas são o triste resultado. Porém, a nossa necessidade de conseguir a cura nos impele a tentar repetidas vezes – em vão. Isso provoca a repetição da briga, quando a mesma briga ocorre de modo regular, e há sérias discussões – dois indícios de que Velhas Cicatrizes espreitam sob a superfície e adicionam combustível às brigas.

Repetição: o Primeiro Indício

A primeira maneira pela qual recriamos os nossos traumas de infância é a escolha de um parceiro que lembre o genitor que foi a fonte do nosso sofrimento. Perceba que mesmo o mais amado genitor fracassa sem o desejar e pode mesmo traumatizar o filho. Sei que você deve estar pensando: "Não escolhi o meu marido porque ele se parece com o meu pai ou com a minha mãe. Minha escolha se deveu ao fato de ele ter um belo traseiro ou de saber fazer uma bela salada de macarrão..." Esses são os aspectos conscientes da escolha do parceiro. Na realidade, porém, a seleção do companheiro advém primordialmente da motivação inconsciente de escolher alguém que tenha características que lembrem o genitor que nos magoou. Dou a isso o nome de Montar o Cenário. Fazemos isso, não porque queremos ser punidos, mas porque o inconsciente tem um plano mestre: reproduzir os traumas da infância com uma pessoa que simbolize o genitor que foi ruim conosco e empenhar-se em produzir para o trauma um "final feliz".

O pai de Janel a maltratava verbalmente. Não foi pois surpresa que ela se casasse com um homem que todos os dias a menosprezava. Ela veio me procurar, deprimida, sem compreender por que era tratada de maneira tão horrível pelo marido.

Casando-se com um homem que a maltratava verbalmente, Janel tinha a esperança inconsciente de transformá-lo numa pessoa que a tratasse com respeito e amor. Se o conseguisse, ela teria a impressão de ter sucesso em alterar o comportamento do pai – curando assim o trauma original.

O plano parece perfeito no papel, mas é raro que funcione na vida real, por dois motivos. Em primeiro lugar, quando escolhemos um parceiro que se assemelhe com o nosso pai ou a nossa mãe, logo descobrimos que esse parceiro não tem condições de nos proporcionar o apoio emocional de que precisamos, exatamente porque são pessoas prejudicadas pela vida ou que têm limites exatamente nas áreas em que os nossos genitores foram atingidos.

O segundo motivo do fracasso das nossas tentativas de cura é o fato de adotarmos, com o nosso cônjuge, as mesmas estratégias que tínhamos usado com os nossos pais. E como os nossos métodos malograram com eles, é certo que também não atinjam o alvo quando usados com o nosso cônjuge. Logo nos sentimos frustradas, magoadas e furiosas. Mas como a nossa meta inconsciente é a cura a todo custo, permanecemos no ringue e ficamos buscando sempre uma boa posição de ataque. A necessidade de repetir tentativas de cura tem tal universalidade que existe até uma designação para ela: Compulsão de Repetição.

Intensidade: o Segundo Indício

A intensidade das brigas é outro indício de que alguma questão não-resolvida espreita sob a superfície dos nossos conflitos. Cada vez que trava o mesmo combate e perde, você fica pior do que estava. Mas há um motivo para a intensidade de suas reações: quando acontece uma crise conjugal, a mente associa o incidente atual com eventos traumáticos, com forte carga emocional, da infância. Isso explica porque ocorre uma explosão no seu íntimo mesmo que o evento presente não pareça justificar uma reação explosiva. Esse processo de intensificação assemelha-se ao processo por meio do qual uma pequena tempestade adquire força ao extrair umidade na sua passagem pelos Grandes Lagos.

Bob verifica repetidas vezes as mensagens do escritório quando sai com Helen. Ela vai ficando cada vez mais agitada por esse comportamento e termina explodindo com ele. Por que Helen se irrita tanto com uma ação de aparência inócua? Porque essa experiência com o namorado desencadeia lembranças de sua mãe, que nunca tinha tempo para ela. Logo, quando acontece, o incidente trivial do momento ativa um circuito cerebral já sobrecarregado que a faz estourar. Essas associações costumam acontecer sem que a pessoa o perceba em termos conscientes.

Antes de prosseguir, determinemos que discussões são alimentadas pelas Velhas Cicatrizes. Faça o teste a seguir.

Os assuntos que discutimos costumam repetir-se. *Sim* ou *Não*.

Vejo que eu e/ou meu parceiro nos irritamos cada vez mais com pequenas coisas e não consigo compreender por que isso acontece. *Sim* ou *Não*.

Vejo que eu e/ou meu marido usamos as mesmas palavras, explicações e táticas de luta durante nossas disputas, embora esses métodos nunca funcionem. *Sim* ou *Não*.

Acabo tendo sempre as mesmas sensações antes, durante e depois das nossas brigas. *Sim* ou *Não*.

Nossas brigas me parecem conhecidas, mas não tenho idéia do motivo. *Sim* ou *Não*.

Sinto que nossas brigas parecem seguir sempre o mesmo roteiro e que até posso prever o infeliz desfecho delas. *Sim* ou *Não*.

Lembro-me de brigas com meus pais (pai e/ou mãe) e de ter sentido as mesmas emoções que hoje sinto ao brigar com o meu parceiro. *Sim* ou *Não*.

As sensações que tenho depois de brigar com meu parceiro me recordam de como eu me sentia quando criança. *Sim* ou *Não*.

Se você respondeu "sim" a mais de uma das perguntas acima, suas brigas são provocadas por Velhas Cicatrizes. Mas você ainda pode estar sem condições de compreender que parte da sua história é reproduzida por meio de seus conflitos conjugais. Costuma ser difícil determinar os problemas que estão na base de suas discussões, dado que o motivo da briga funciona como uma cortina de fumaça. Quando se discute por causa de meias sujas ou de panelas e caçarolas, é bem difícil fazer abstração desses assuntos concretos e ver a estrutura profunda das desavenças.

Para assisti-la nesse processo, desenvolvi uma técnica a que dei o nome de Desvendar os Meandros da Briga; ela permite que você examine as coisas que se ocultam sob o motivo declarado da briga. Da mesma maneira como um restaurador remove as camadas externas de tinta para revelar o acabamento original, você pode examinar a camada externa (o motivo declarado) da sua briga com o objetivo de revelar os traumas de base que se ocultam sob ela.

Examinar os Motivos Íntimos da Briga

Para determinar os traumas que constituem a base da briga declarada (o quem-disse-o-que-a-quem), é preciso desvendar no papel os meandros emocionais do conflito. Para fazê-lo, você precisa deixar de lado o motivo aparente da briga – a comida chinesa picante, as preliminares apressadas – e estudar, em vez disso, o conteúdo emocional envolvido.

Vou mostrar-lhe uma das brigas declaradas de Nancy e Phil. Depois recorrerei ao exemplo deles para explicar de que maneira é possível desvendar a motivação profunda de suas brigas.

A Briga Declarada

– Por que você não sai mais comigo? Me fazer feliz é muito trabalhoso? – lamuria-se Nancy.

– Claro que não! – replica Phil.

– Então, qual é o problema?

– Calma, eu estou cheio de trabalho para fazer e você fica se preocupando com passeios bobos!

– Os passeios não são bobos. Isso é importante para mim e você deveria me considerar importante.

– Mas eu considero. Por que você acha que trabalho tanto?

– E que relação tem o trabalho com meus sentimentos? Você não se importa nem um pouco comigo!

– Você tem razão; eu não me importo com você. Eu não fico por aí bebendo. Eu não engano você, mas não me importo com você! – grita Phil, saindo furiosamente da sala.

– Puxa! Não é possível falar com você. Você simplesmente não me ouve!

Como Desvendar os Meandros da Briga

Passo Um: Rastreie o Curso Emocional da Briga

No primeiro passo, pense numa de suas brigas costumeiras. Esqueça por agora do motivo dessa briga e se concentre, em vez disso nos sentimentos que a briga desencadeia no seu íntimo. Registre por escrito o que sente.

Vejamos de que maneira Nancy e Phil examinaram o motivo declarado da briga para revelar o curso emocional da questão.

Da perspectiva de Nancy: eu quero que Phil faça algo por mim. Ele inventa desculpas sobre os motivos de não fazer o que lhe peço. Fico irritada. Ele fica ainda mais na defensiva. Irrito-me mais. Ele se fecha mais. Fico magoada porque ele não me ama o bastante para ouvir o que eu digo e mudar o comportamento que me incomoda. Eu o pressiono cada vez mais e ele mergulha mais profundamente nas desculpas e na negação.

Da perspectiva de Phil: quando ela quer que eu faça algo para ela, Nancy é autoritária e manipuladora. Ela não me dá nenhuma liberdade. Tenho de fazer exatamente o que ela quer, pois do contrário ela fica furiosa. Eu viro uma fera, como um animal enjaulado. Tenho vontade de fugir de sua raiva e de suas exigências.

Passo Dois: A Briga Desperta Sentimentos que Você Teve na Infância?

Em seguida, pergunte a si mesma: "A briga com o meu parceiro cria em mim os mesmos sentimentos que tive quando criança?" Registre por escrito os sentimentos em questão. Depois, faça a si mesma a seguinte pergunta: "Quem gerou esses sentimentos em mim?"

Vejamos a maneira como Nancy e Phil realizaram esse estágio.

> NANCY: ela se recordou de ter-se sentido impotente, frustrada, magoada e irritada quando tentou – sem sucesso – fazer que o pai lhe desse atenção.
>
> PHIL: ele se sentia controlado demais pela mãe e tinha raiva da maneira como ela o forçava a fazer o que ela queria. Sempre que a desafiava, ele tinha de suportar a fúria dela e as ameaças de abandono que ela fazia.

Passo Três: Traga à Tona uma Lembrança Específica da Infância

Chegou a hora de você desvelar uma lembrança longínqua de um evento no qual se sentiu da maneira como se sente ao discutir com o seu parceiro. Com quem você teve desavenças? O que aconteceu então? De que modo se desenrolou a briga? Registre isso por escrito.

Eis como Nancy e Phil se desincumbiram da tarefa deste passo.

> NANCY: ela se lembrou de ter pedido ao pai que fosse a pelo menos uma das partidas de beisebol de que participava. Ele nunca apareceu. Ela implorou e chorou, mas ele nunca cedeu.
>
> PHIL: ele se lembrou de que a mãe o forçara a limpar o quarto num dia ensolarado. Como ele resistisse à ordem dela, a mãe gritou com ele e o deixou de castigo no quarto sem almoço.

Passo Quatro: Que Tipo de Tratamento Você Desejava Ter da Parte de Seus Pais? (O Final Feliz que Você Sonhou)

Por fim, faça a pergunta mais importante: "Como eu esperava que acabassem as brigas com meus pais (pai e/ou mãe)? Eu gostaria que eles se desculpassem, reconhecessem o meu ponto de vista? Eu gostaria que eles entrassem em acordo comigo?" Identifique com clareza o desfecho que você desejava para as brigas. Registre-o por escrito.

Voltemos a Nancy e Phil para ver o que conseguiram nesta etapa.

> NANCY: ela desejava que o pai tivesse atendido às suas solicitações ao menos algumas vezes.
> PHIL: ele precisava sentir-se livre para se afirmar sem ser castigado.

♥ ♥ ♥

Tendo identificado o tratamento que desejava dos seus pais, você tem uma clara compreensão do que a sua mente está tentando realizar nas brigas com o seu parceiro (o final feliz que você sonhou).

A questão, agora, muda de natureza: por que a maioria de nós não tem sucesso em conseguir os finais felizes que desejamos? Por que, por exemplo, Nancy não logrou conseguir de Phil aquilo de que precisa?

Lembre-se de que Phil é igual ao pai de Nancy. E de que Nancy se relaciona com ele tal como se relacionava com o pai. Por exemplo, ela costumava gritar, reclamar, fazer beicinho ou se lamuriar com o pai – em vão. Como Phil lembra-lhe o pai, não é preciso ser neurocirurgião para perceber o motivo de os métodos de Nancy não produzirem nenhum resultado. O fato de ela ter escolhido um parceiro semelhante ao pai não pode ser alterado, mas é possível alterar a maneira pela qual ela reage diante disso. Em outras palavras, Nancy pode controlar esse aspecto da compulsão de repetição (adotar as mesmas estratégias que usara com o pai). E se quiser alcançar o final feliz que sonhou, ela vai modificar seu modo de se relacionar com Phil. Os dois princípios a seguir vão ajudar Nancy – e você – a estabelecer um novo curso de ação.

Para Conseguir o Final Feliz que Você Sonhou

Um: Saiba Quais São as Velhas Cicatrizes do Seu Parceiro

Se você desconhece o que faz o seu parceiro se transtornar, você corre o risco de reabrir inadvertidamente as Velhas Cicatrizes dele. Se isso ocorre, ele estará alimentando as próprias mágoas e não terá condições de resolver os conflitos que existem entre vocês. Se necessário, faça outra vez o último exercício, e responda às perguntas da maneira que acha que o seu parceiro responderia. Esse processo vai ajudá-la a identificar as Velhas Cicatrizes dele.

Quando fez isso, Nancy se lembrou de que os métodos educativos da mãe de Phil eram do tipo "Ou faz o que eu quero ou sai de casa". Logo, as feridas antigas que o afetam têm relação com o fato de nunca lhe ter sido concedida suficiente autonomia. Sem se dar conta disso, a maneira de Nancy tratar o marido – exigir, pressionar, etc. – lembra dolorosamente o tratamento que ele recebia da mãe. Logo, Nancy teve de enfrentar o fato de que as suas táticas de pressão faziam que Phil se retraísse ainda mais.

A pergunta passa a ser: como Nancy pode ajudar Phil a atender mais às suas necessidades? Comunicando-se com ele de uma forma que seja curativa para ele – proporcionar-lhe a sensação de liberdade. Uma possibilidade é que ela peça a Phil sugestões para resolver o problema que existe entre eles. Fazê-lo, poria Phil no comando e ele, sentindo-se responsável, em vez de controlado, passaria a atender às necessidades dela. Compreender as antigas feridas de Phil é o primeiro passo que Nancy dá no sentido de resolver as brigas entre eles e de curar as próprias Velhas Cicatrizes dela.

Dois: Fale de Suas Velhas Cicatrizes

Para atenuar a intensidade das brigas conjugais, você precisa explicar ao seu parceiro que uma Velha Cicatriz está pondo lenha na sua fogueira. Afastar o foco do ego dele e colocá-lo em fontes históricas reduz o risco de uma ativação do SNA e deixa seu parceiro livre para ajudá-la e para resolver os seus conflitos, em vez de ficar se defendendo.

> Um importante momento de decisão para Dottie e Russell aconteceu quando eu a estimulei a explicar por que o comportamento dele lembrava a relação dela com a mãe. Russell ficou rígido e calado, e Dottie, vermelha como uma pimenta.
> – Explique a Russell o que, naquilo que ele faz, a faz lembrar de sua mãe – instei-a.
> – Se eu tentasse dizer à minha mãe como me sentia, ela me trancaria no quarto – disse Dottie, lacrimejando.
> – Eu não sabia disso – respondeu Russell.
> – Diga a Russell o que especificamente ele faz que a faz lembrar de sua mãe – incitei-a.
> – Quando você me diz "Não se preocupe, não é um grande problema", meu sangue ferve... É igual à minha mãe dizendo "cale a boca"!
> – Eu não tinha idéia disso! – disse Russell, pálido de emoção. – Eu sempre quis tornar a vida para você melhor do que tinha sido com a sua mãe.

Quando o ego de Russell deixou de ser envolvido na questão – quando ele percebeu que a intensidade da mágoa e da raiva de Dottie era o resultado de traumas da infância –, ele se sentiu mais disposto a apoiá-la, em vez de se retrair. Essa comunicação aparentemente simples – dizer ao parceiro que velhas mágoas são ativadas pelo seu comportamento – ajudou a reduzir as reações de retraimento da maioria dos homens, de acordo com meus estudos. Experimente você mesma e veja os milagres que acontecem.

Nas páginas a seguir, vou apresentar em linhas gerais as Velhas Cicatrizes mais comuns, oferecendo sugestões de cura específicas. Tenha em mente que, se as Velhas Cicatrizes estiverem sendo expressas pelo abuso de drogas ou do álcool, ou se a violência física entrou em cena, é preciso procurar ajuda profissional.

☞ VELHA CICATRIZ Nº 1

"Onde está você, mamãe (papai)?"
"Por favor, dê-me atenção, mamãe (papai)."

Quando você era jovem, seus pais se separaram ou se divorciaram, e você foi abandonada emocional ou fisicamente por um deles ou pelos dois. Mamãe/Papai nunca tinham tempo para você ou desapareceram sem deixar vestígio; ou então apareciam e desapareciam quando queriam; ou prometiam visitar você e nunca apareciam.

Como Esta Velha Cicatriz Costuma se Manifestar nos Conflitos Conjugais: A, B, C, D

A) *em geral, na mulher: apego excessivo*
Se o abandono for parte da sua história, você é demasiado apegada ou possessiva, exigindo mais do tempo do seu parceiro do que ele está disposto a dar, ou pedindo constantes reafirmações de que você é importante para ele.

B) *no homem ou na mulher: ciúmes*
Você pode sentir que o seu parceiro gosta mais de outra pessoa do que de você, ainda que não tenha motivos para suspeitar de infidelidade. Você talvez sinta ciúmes do envolvimento dele com outras pessoas, ou então do tempo que ele dedica aos filhos, aos amigos ou aos passatempos.

C) *no homem ou na mulher: expressam seus sentimentos por meio do sexo*
Você ou o seu parceiro se deixam levar por comportamentos destinados a preencher o vazio interior: beber ou gastar em excesso, comer demais, envolver-se em promiscuidade sexual ou ter casos extraconjugais. Se o comportamento de qualquer dos parceiros estiver fora de controle, requer-se ajuda profissional.

D) *em geral, no homem (mas pode ocorrer com mulheres): medo da intimidade ou da dependência*
A pessoa que foi abandonada quando criança pode se comportar de maneiras que mantenham o parceiro a distância – trabalhar compulsivamente, evitar passeios ou férias familiares ou faltar a refeições da família. A meta inconsciente é evitar a intimidade a todo custo a fim de se proteger: "Se for desligado emocionalmente, não vou sofrer quando for abandonado outra vez."

Tipo de Cura Necessária
para A e B

Você precisa saber que o seu parceiro não vai abandoná-la da maneira como seus pais (pai e/ou mãe) a abandonaram. Além disso, você tem de sentir que é a "número um" aos olhos do seu parceiro. Lembre-se de que é difícil para o seu parceiro passar essa mensagem se ele se sentir acusado de infidelidade ou de negligência. Do mesmo modo, nunca se esqueça de que ações ou omissões que causariam em outras pessoas uma leve contrariedade devastam você por causa da sua história. Você tem de dizer ao parceiro que as suas acusações de infidelidade ou negligência foram alimentadas por abandonos ocorridos na infância. Quando a culpa é apartada do ego dele, ele já não vai se sentir impelido a defender-se e pode dedicar a sua energia a fornecer as garantias de que você precisa. Esses princípios também se aplicam se o marido for o parceiro ciumento.

Tipo de Cura Necessária
para C

Se algum de vocês apresentar um comportamento extremo a fim de preencher um vazio interior, é preciso estabelecer rígidos limites para circunscrever esse comportamento inaceitável. Ao mesmo tempo, é preciso proporcionar um grande apoio emocional.

> Chet chega em casa regularmente bêbado e obriga a esposa, Eva, a ter sexo com ele. Durante anos, ela tolerou esse comportamento. Depois, quando ele dormia, ela ia procurar o carro abandonado, pois ele estava bêbado demais para trazer o carro para casa. No dia seguinte, ela fazia um escândalo, mas ao mesmo tempo ligava para o trabalho de Chet e dizia que ele estava doente, arrumando alguma desculpa. Sem que o soubesse, Eva estava recompensando o comportamento destrutivo de Chet. Depois de falar comigo, concebemos um plano. Sexo com ele bêbado nunca mais, e ele teria de assumir a responsabilidade pelos seus atos. Chet teria de encontrar ele mesmo o carro, bem como ligar para o chefe. Instruí Eva a não lhe dar nenhuma atenção, incluindo a atenção negativa (gritar, esbravejar) quando ele agisse mal e a parar de dar-lhe guarida. Resultado: dentro de poucos meses, Chet parou de beber e melhorou consideravelmente seu modo de agir.

Os limites que Eva impôs ao marido eram firmes e coerentes, não sendo apresentados com gritos nem discussões. Este é um ponto importante, dado que mesmo a atenção negativa tem o efeito de reforçar o comportamento.

Estimulei Eva a, além de ignorar o comportamento impróprio, elogiar o comportamento positivo de Chet. Sei que é difícil elogiar alguém que continua a se comportar de maneira inaceitável, mas tenha em mente que, por pior que o seu parceiro esteja se comportando, sempre há alguma coisa que você pode encontrar para elogiar. Você pode simplesmente estar tão irritada que não percebe as boas coisas. Mesmo que não tenha vontade, dê apoio emocional, mostre reconhecimento e elogie sempre que o seu parceiro se comportar de modo mais apropriado – e elogie em especial os pequenos ganhos. No caso de Eva, ela reconheceu o fato de Chet assumir a responsabilidade de ligar para o trabalho para dizer que estava doente. Louvar os pequenos ganhos estimula o parceiro a conseguir ganhos maiores. Na verdade, muitos estudos, incluindo a minha própria pesquisa, demonstraram que as pessoas mudam de comportamento quando são recompensadas, enquanto a punição (reclamar, gritar, esbravejar, etc.) não tem efeito para melhorar o comportamento.

Tipo de Cura Necessária
para D

Se o seu cônjuge foi abandonado quando criança, ele ainda vive com medo de voltar a sê-lo. Assim, ele se afasta para se proteger, julgando que, se for emocionalmente desapegado, não vai sofrer quando você o abandonar. Você precisa ajudá-lo a ver que, se não tomar cuidado, ele poderá dar um jeito de tornar realidade esse medo: seu mecanismo de proteção talvez traga o resultado contrário, dado que o afastamento dele afasta você.

Para conseguir a cura, seu parceiro precisa se esforçar para entrar em contato com você. Mas, antes de fazê-lo, é preciso que ele adote uma política de segurança emocional que o proteja de ser abandonado por você. Ao mesmo tempo, ele precisa saber que, sempre que se sentir assustado pela proximidade, você deixará que ele se afaste temporariamente. Antes de se retrair, é importante que ele explique que se afasta para cuidar de seus medos, e não para fugir de você ou da família. Você pode dizer a ele o seguinte: "Eu quero apenas reafirmar que não vou deixá-lo. Também quero que você saiba que, se você correr o risco de se aproximar mais de mim, eu vou deixá-lo à vontade sempre que necessário. Desde que eu compreenda por que você está se afastando – para tratar de seus medos, e não para fugir de mim –, eu vou garantir alegremente o seu espaço."

☞ VELHA CICATRIZ N⁰ 2

"Mamãe (papai), saiam do meu pé, deixem-me viver a minha vida."

Você cresceu com um genitor claramente controlador ou hostil que sempre lhe dizia quando fazer a tarefa de casa, com que amigos você podia brincar, que esportes você podia praticar ou que passatempos deveria ter.

Como Esta Velha Cicatriz Costuma se Manifestar nos Conflitos Conjugais: A, B, C

A) *no homem ou na mulher: comportamento tirânico*

A pessoa que se sentiu controlada quando criança tem probabilidades de se tornar, quando adulta, uma tirana, copiando o comportamento de um genitor autoritário. O comportamento claramente controlador é uma defesa contra o medo de ser controlado.

B) *no homem ou na mulher: comportamento não-cooperativo*

Podem vir à tona várias lutas pelo poder, e você e seu cônjuge podem ter dificuldade para ceder, para chegar a um compromisso ou para considerar o ponto de vista do outro. Serão travadas lutas eternas, e o cônjuge tirânico vai recorrer a táticas de pressão e de manipulação para impor seus desejos ou sua posição.

C) *em geral, na mulher: submissão excessiva*

Se foi dominada quando criança, você pode se comportar de maneira claramente submissa, deixando que o seu marido dirija a sua vida. No seu íntimo, você se vê às voltas com sentimentos de vitimização, de impotência ou de raiva.

Tipo de Cura Necessária
para A e B

A pessoa que foi dominada quando criança precisa ter a sensação de independência de que careceu na infância. É comum que a criança que foi abertamente controlada venha a ser um tirano na vida adulta. (Ninguém vai mandar em mim. "Tudo vai ser à minha maneira.") Se você é vítima de um tirano, a reação natural é resistir às ordens dele. Dentro de pouco tempo, vocês estarão aprisionados num eterno cabo-de-guerra. O desafio aqui é resistir a se fechar em si mesma e a se tornar o pai obstinado com o qual o seu parceiro cresceu. Em vez disso, transforme seu parceiro no seu consultor e pergunte-lhe regularmente a recomendação que ele faz para você tratar de seus próprios problemas. Se você fizer isso, ele vai sentir que você tem consideração por ele e será menos provável que faça você engolir a sua vontade. Eu sei que não é uma tendência natural ceder quando se está numa batalha com alguém que não leva em conta a posição do contendor, nem considera a possibilidade de um acordo. Declarar uma trégua no embate requer de sua parte muita maturidade, mas lembre-se de que, ao recuar temporariamente, você estará proporcionando ao parceiro a cura emocional de que ele precisa. Ele logo vai se sentir satisfeito por ver respeitadas as suas necessidades e deverá estar pronto para levar em conta as necessidades que você tem. Na realidade, ao recuar, você mostrou ao seu parceiro um modelo de respeito aos sentimentos alheios. Enquanto se mantiver em guerra, você estará, sem o querer, desempenhando o papel da mãe controladora e o seu parceiro jamais terá a oportunidade de curar a ferida e amadurecer. Mas ceder não deve tornar-se uma solução permanente para os conflitos. Trata-se apenas de algo temporário destinado a dar ao seu parceiro a sensação de que ele pode ter as coisas feitas à sua maneira; não por vencer uma luta, mas porque você o ama o suficiente para lhe dar o respeito e consideração que ele nunca teve quando era criança. Passado algum tempo, seu parceiro deverá se mostrar mais disposto a dedicar um tempo igual às necessidades que você tem.

Tipo de Cura Necessária
para C

Sua cura requer que você se torne um parceiro de igual estatura. Ao fazer isso, você estará pondo em risco o seu casamento, que provavelmente teve como base um desequilíbrio de poder. Tome consciência de que ele se casou com você porque você deixou que ele a dominasse. E o ego dele se afirma ao se sentir superior, necessário e importante. De que maneira ele irá reagir ao fato de você estar conseguindo mais igualdade? Esteja preparada para os riscos antes de começar a defender os seus direitos. Se achar que está pronta, vá aos poucos. Em primeiro lugar, comece a falar da sua necessidade de ter a sua voz mais ouvida no casamento – por exemplo, participar do planejamento financeiro ou do estabelecimento de um orçamento. E esteja preparada para muita resistência da parte do seu marido. Ele pode ter medo de ceder o controle. A resistência dele também pode esconder o medo de que, se você ficar mais independente, você deixe de precisar dele. Em conseqüência, à medida que for ocupando o seu lugar no casamento, você vai precisar ficar dizendo a ele como ele é importante para você, bem como falar da grande necessidade que continua a sentir dele. Se você sentir que o seu parceiro está assustado com a perda do controle, cuide para sempre pedir a ele opiniões e sugestões.

☞ VELHA CICATRIZ Nº 3

"Mamãe (papai), por que eu não posso simplesmente brincar?"

Roubaram-lhe a infância quando você foi obrigada a aceitar responsabilidades demais quando criança. Você pode ter-se encarregado de todas as tarefas domésticas, ou talvez tenha tido de cuidar de parentes ou de pais fisicamente doentes, emocionalmente perturbados ou quimicamente dependentes.

Como Esta Velha Cicatriz Costuma se Manifestar nos Conflitos Conjugais: A, B

A) *em geral, na mulher: comportamento irresponsável*
Recusa de aceitar responsabilidades de adulto: paga contas depois das datas de vencimento; não cumpre promessas; não obedece às leis ou às regras.

B) *em geral, na mulher: comportamento responsável demais*
Se assumiu o papel de cuidar dos outros na infância, é provável que você tenha no casamento uma atitude de excessiva responsabilidade. Como seus pais foram incapazes de assumir a responsabilidade adequada pela filha, você teria sucumbido se não tivesse assumido os encargos. Quando adulta, você continua a assumir todas as tarefas do seu lar. Há na base da atitude excessivamente responsável o medo de que a vida venha a se destroçar se você entregar as rédeas a outra pessoa. Você também pode ter medo de que o seu parceiro não seja capaz de assumir a própria parcela de responsabilidade. Como está tendo excessiva responsabilidade no casamento, você fica ressentida com o seu parceiro e pode vir a brigar com ele por ele não estar fazendo a parte dele nas tarefas de casa.

Tipo de Cura Necessária
para A

Seu parceiro precisa ter a experiência da alegria e da liberdade que nunca fruiu quando criança. O desafio, para você, é evitar cair no papel do genitor cheio de reclamações, controlador. Se você cair nessa armadilha, a necessidade do seu parceiro de se rebelar receberá um constante reforço de sua parte. O melhor plano consiste em afastar-se do centro dos acontecimentos deixando que ele acabe por sofrer as conseqüências dos seus próprios atos. É difícil fazer isso porque muitas das ações irresponsáveis dele repercutirão em você. Você pode querer tomar algumas medidas para se proteger – por exemplo, mantendo contas bancárias separadas. Uma vez que tenha instalado o mecanismo de controle dos prejuízos, assegure-se de não resgatar o seu "menino" quando ele estiver em dificuldades. Deixe que ele mesmo saia da situação. E assegure-se de não cair na armadilha de repreendê-lo pelos erros cometidos; ignore-os, para não reforçar o comportamento dele por meio da atenção negativa. Se você puder tolerar esse processo, as ações irresponsáveis dele em geral terão curta duração. Quando tiver de sofrer as conseqüências dos próprios atos, ele logo irá descobrir que divertir-se tanto causa muita dor.

Perceba que "desapegar-se" e não dar guarida ao seu parceiro provavelmente será bem difícil para você porque o excesso de responsabilidade de sua parte tem grandes probabilidades de recriar padrões que você assimilou na infância (sofrimento familiar).

Tipo de Cura Necessária
para B

Você precisa ir transferindo responsabilidades para o seu parceiro de maneira gradual, até que haja uma divisão mais igualitária de tarefas. No começo, é provável que você ainda precise dizer ao seu marido como prefere que as coisas sejam feitas. Contudo, você deve se dar conta de que os homens não gostam que lhes digam como realizar tarefas. Em consequência, assegure-se de fazer que as suas sugestões não sejam entendidas como controladoras nem autoritárias. Você também precisa fazer que o seu marido saiba que as suas sugestões de "como fazer", se seguidas, irão ajudá-la a entregar as rédeas com mais facilidade e a tornar você menos irritada com ele. Há em geral algum elemento adicional ligado a esse tipo de problema. Não é incomum que a mulher do tipo "faz-tudo" despose alguém em quem ela não pode confiar, razão pela qual passar o comando a uma tal pessoa seria de fato arriscado. Se não puder contar com o seu parceiro, você precisará seguir as sugestões de cura da Velha Cicatriz nº 4.

☞ VELHA CICATRIZ Nº 4
"Mamãe e/ou papai não se importam com o que faço."

Seu parceiro não teve estabelecidos limites suficientes, nem lhe transmitiram o sentimento de responsabilidade (seus pais nunca lhe proibiram nada, nunca o mandaram fazer o dever escolar nem trabalhos domésticos).

Como Esta Velha Cicatriz Costuma se Manifestar nos Conflitos Conjugais

Muitos meninos são tratados como reis por mães que nunca param de cuidar deles. Homens que foram criados dessa maneira sofrem daquilo que os psicanalistas chamam de dependência oral, o que quer dizer que eles se fixaram no estágio oral do desenvolvimento. E esses homens chegam ao casamento esperando que a mulher assuma onde a mãe parou – como se passassem do peito direito para o esquerdo. Com esse tipo de homem, você está às voltas com um problema que tem dois aspectos: um ponto do desenvolvimento no qual ele ficou parado e uma socialização ligada à cultura que pode ser parte da própria constituição da personalidade do seu parceiro. De modo geral, ele vai aparecer e sumir quando quiser, divertir-se a valer e não assumir responsabilidade por tarefas domésticas nem pela administração do dinheiro. Se for vítima desse tipo de comportamento, você pode cair no papel da esposa que vive reclamando e se queixando.

Tipo de Cura Necessária

Para ajudar seu parceiro a ficar mais responsável, você precisará ir aos poucos fazendo menos por ele e elogiá-lo por toda ação responsável que ele resolva praticar espontaneamente. Não espere que ele se torne da noite para o dia a responsabilidade encarnada. Afinal, ele foi recompensado quando criança por não ser responsável e você também o recompensou ao permitir que o comportamento dele prosseguisse até recentemente. Seu desafio consiste em fazê-lo agora sentir-se recompensado por ser responsável. Os seres humanos evoluem quando lhes são oferecidos amor e estímulo suficientes. Sei que pode parecer uma tolice pensar no seu parceiro como uma criança necessitada de reforço positivo, e você pode estar pensando que não é sua tarefa ser a mãe dele. Mas você já está cumprindo esse papel ao assumir a maior parte das responsabilidades e ao reclamar com ele como um pai. Você é, para ele, uma mãe negativa. Que tal tentar ser uma mãe positiva? Lembre-se de que ele precisará de muitos elogios seus para renunciar a um modo de ser que é muitíssimo bom para ele.

Se você sentir que rejeita a idéia de lhe dar aquilo de que ele precisa, é bom examinar a ligação dessa resistência com o seu passado. Pode ser que os seus pais tenham tentado ensiná-la punindo o mau comportamento em vez de reforçar positivamente o bom. Se for isso o que aconteceu, você poderá se sentir tentada a usar com o seu parceiro os mesmos métodos. Se insistir em ensiná-lo usando mensagens negativas, de punições e da negação daquilo que ele quer, você terá um filho para toda a vida. Até que você possa ultrapassar o ponto no qual está paralisada, ele não terá condições de evoluir. Para não mencionar o fato de que, se você o castigar demais, ele poderá ficar saturado e ir embora. Ele não se casou com você porque sabia que você se encarregaria do papel de responsável no casamento? Se a resposta for sim e você decidir mudar as regras do jogo no segundo tempo, cabe-lhe ir bem devagar e agir de maneira positiva. Você pode ajudar o seu marido a ficar mais maduro e responsável adotando os seguintes passos:

1. Não dar atenção positiva a comportamentos irresponsáveis. Isso inclui não tirá-lo de dificuldades, não limpar o que ele sujou, etc.
2. Não dar atenção negativa a comportamentos irresponsáveis. Isso inclui gritar, reclamar, etc.
3. Não dar nenhuma atenção aos comportamentos imaturos dele. Finja ser surda, muda e cega. (Eis algo muito difícil de fazer quando se está com vontade de matar o parceiro. Mas fique dizendo sempre a si mesma: "Isto é temporário e vai funcionar!")
4. Recompense os comportamentos responsáveis do seu parceiro com palavras elogiosas, sinais de afeição e atenção positiva.
5. Lembre-se de recompensar os passos do bebê. É muito comum que as mulheres esperem resultados instantâneos (afinal, ele é um adulto). Lembre-se de que todos temos de engatinhar antes de caminhar. E, seja qual for a idade do seu parceiro, se ele nunca aprendeu a andar sozinho, cabe a ele aprender a engatinhar agora. Assegure-se de recompensar com elogios cada passo hesitante que ele der.

☞ VELHA CICATRIZ Nº 5

"Mamãe (papai), pare de gritar comigo."
"Mamãe (papai), pare de me bater."

Como Esta Velha Cicatriz Costuma se Manifestar nos Conflitos Conjugais: A, B

A) *no homem ou na mulher*
Pessoas que sofreram maus-tratos correm o perigo de se comportar de maneira a maltratar os outros.

B) *em geral, na mulher*
Se foi vítima de maus-tratos quando criança, você corre o risco de se tornar vítima de maus-tratos na idade adulta.

Tipo de Cura Necessária
para A

Se você ou o seu parceiro cresceram na companhia de pais que os maltratavam, provavelmente nunca aprenderam a tratar de sentimentos de raiva de maneiras não destrutivas. Veja o Capítulo 9 para uma análise completa de como comunicar adequadamente sentimentos negativos.

Se for vítima de maus-tratos verbais, você não tem de recompensar seu parceiro com nenhuma forma de atenção, incluindo continuar a falar com ele. Quando o ataque verbal começar, diga, com calma mas com firmeza: "Se quiser descrever calmamente o que eu disse ou fiz que o incomodou, eu vou escutar. Mas, se continuar a me insultar, terei de sair daqui." Se esse limite não funcionar, você deve afastar-se dele. Se tiver qualquer medo de que o estabelecimento de limites vai fazer que o seu parceiro perca ainda mais o controle, procure de imediato ajuda profissional.

Se foi vítima de abusos quando criança, você pode ver a si mesma querendo se vingar do genitor que a maltratou – e pode se ver descarregando tudo no parceiro. O risco de que isso aconteça aumenta quando o seu cônjuge lembra-lhe inconscientemente o genitor com relação ao qual você tem ressentimentos. Solução: você precisa separar os sentimentos de raiva destinados ao(s) seu(s) pai(s) dos sentimentos que tem com relação ao seu parceiro. O ideal é que este último se torne um aliado nesse processo ao dialogar com você. Eis como fazê-lo:

Primeiro, finja que o seu genitor está na sala.

Depois conte ao seu cônjuge o que você diria ao seu genitor se ele ou ela estivesse presente.

Em seguida, identifique aquilo que há, no que o seu parceiro faz, que lhe lembra o comportamento impróprio de seus pais.

E, finalmente, depois de se dar conta daquilo que o seu parceiro *faz* que a deixa irritada, diga a ele como o comportamento dele a *faz* lembrar-se de seus pais. Quando *estabelece* essa ligação, você atinge duas metas: (1) seu cônjuge vai se sentir menos acusado em termos pessoais e mais disposto a dar atenção ao seu sofrimento e mudar de comportamento; e (2) discutir o seu sofrimento com esse seu ente querido vai ajudar você a curar a sua Velha Cicatriz.

Quando os maus-tratos verbais entram no casamento, é sempre uma boa idéia procurar ajuda profissional, porque os maus-tratos verbais muitas vezes levam à violência física.

Tipo de Cura Necessária
para B

Pessoas que já foram vítimas de abusos têm medo de se afirmar por medo de sofrer retaliações. A técnica de cura para A acima mostra como estabelecer limites para pessoas dadas a maltratar verbalmente. Se você se sente vítima disso há muito tempo, pode estar precisando dos conselhos de um profissional para ajudá-la a romper esse círculo.

☞ VELHA CICATRIZ Nº 6
"Papai, mamãe, parem de gritar um com o outro!"

Você ou o seu parceiro cresceram com genitores que criticavam, menosprezavam ou ridicularizavam um ao outro.

Como Esta Velha Cicatriz Costuma se Manifestar nos Conflitos Conjugais

no homem ou na mulher: mania de discutir

Haverá discussões muito tensas e intermináveis nas quais os maus-tratos verbais se farão presentes.

Tipo de Cura Necessária
VEJA AS RECOMENDAÇÕES FEITAS PARA A VELHA CICATRIZ Nº 5.

☞ VELHA CICATRIZ Nº 7

"Papai, não bata na mamãe!"
"Papai, mamãe, parem de bater um no outro!"

Como Esta Velha Cicatriz Costuma se Manifestar nos Conflitos Conjugais

na mulher ou no homem: comportar-se de modo a maltratar o outro ou a ser vítima de maus-tratos

Quando a pessoa presencia espancamentos em seus anos de formação, num estágio ulterior da vida, ela pode ser espancadora ou vítima de espancamento. Se existem maus-tratos físicos no seu casamento, procure imediatamente ajuda profissional.

☞ VELHA CICATRIZ Nº 8

"Papai, mamãe, parem de tocar em mim desse jeito!"

Como Esta Velha Cicatriz Costuma se Manifestar nos Conflitos Conjugais: A, B

A) *no homem ou na mulher: repúdio ao sexo*

Você pode se sentir sexualmente insensível ou ter falta de interesse sexual, atitudes que constituem mecanismos de proteção.

B) *no homem ou na mulher: comportamento extremo de cunho sexual*

Se sofreu abuso sexual quando criança, você pode se tornar viciada em sexo, sexualmente infiel, promíscua ou mesmo obcecada por práticas sexuais pervertidas.

Tipo de Cura Necessária
para A

Se você se sentir sexualmente insensível, o Foco na Sensação, descrito nestes dois parágrafos, é um bom exercício. O propósito dele é aprender o prazer de ser tocada – sem se sentir pressionada para ficar excitada. Quando lembranças e sentimentos associados com os antigos abusos vierem à tona, fale a respeito deles com o seu cônjuge. Saia da cama (se estiver nela) e fale do assunto doloroso colocando-se o mais distante da cama que puder. Você não vai querer manchar o seu quarto de dormir com sensações sexuais ruins.

Quando estiver sendo tocada, procure separar mentalmente o toque do seu parceiro do toque de quem abusou de você. Repita para si mesma pensamentos positivos. Você pode, por exemplo, dizer: "Meu amor está me tocando", "Como é bom ser tocada por ele", "Eu quero ser tocada", "Tenho direito ao prazer", "Meu corpo é maravilhoso" e assim por diante. Se este exercício não resolver o seu problema, procure ajuda profissional.

Tipo de Cura Necessária
para B

Se você ou o seu parceiro expressam seus sentimentos por meio de seu comportamento sexual, esses comportamentos se destinam a manter longe os sentimentos de dor. Você não deve ser forçada a coibir os comportamentos sexuais problemáticos de modo abrupto. Eles devem ir se reduzindo naturalmente à medida que você for ajudada, de forma gradual, a enfrentar os sentimentos associados com os abusos que sofreu e a lidar com eles de um modo completo. Esse tipo de trabalho precisa ser feito com um psicoterapeuta.

☞ VELHA CICATRIZ Nº 9

"Você gosta mais da minha irmã (do meu irmão) do que de mim."

Como Esta Velha Cicatriz Costuma se Manifestar nos Conflitos Conjugais

no homem ou na mulher: sentir-se preterido(a)

Se você sentiu a rivalidade entre irmãos enquanto crescia, você pode criar inconscientemente situações em que são tomadas posições a favor ou contra. E, como você sabe, conflitos conjugais acontecem quando você julga que o seu cônjuge está ficando do lado de outra(s) pessoa(s) ou não concorda com o seu modo de ver as coisas.

Tipos de Cura Necessária

Se você for vítima dessas situações extremas, procure evitar a todo custo ter de tomar partido. Transmita a mensagem emocional de que o seu parceiro sempre vem em primeiro lugar e de que você está a todo momento do lado dele. E se tiver de tomar o partido de outra pessoa, não o faça publicamente. Assegure-se de só tratar de assuntos que envolvam terceiros quando estiver sozinha com seu parceiro. Se tiver de discordar, não deixe de fazer antes uma introdução da sua posição com afirmações de apoio a ele e lembretes de que ele vem sempre em primeiro lugar. Por exemplo, seu cônjuge quer que as crianças vão deitar cedo como castigo e você julga esse castigo rigoroso demais. Quando estiver sozinha com ele, eis o que você pode dizer:

– Querido, você sabe que eu acho que você é um excelente pai, mas creio que no tocante a isso é preciso pensar em alguma alternativa. (Comece com uma afirmação positiva que mostre seu apoio a ele, e se coloque como parte do time dele.)
– Você sempre fica do lado deles e contra mim.
– Eu sei que dói quando eu não concordo com você.
– É verdade.
– Como quando ninguém ouvia a sua opinião e deixava você de lado. (É preciso demonstrar muita compreensão quando seu objetivo é mostrar que você está do lado dele.)
– Exatamente.
– Compreendo como isso lhe faz mal, e é por isso que temos de nos esforçar, juntos, para ter certeza de que as crianças não se sintam esmagadas pela maneira como você agiu.

Neste capítulo, eu não tive a intenção de culpar os pais. É de conhecimento geral que, a despeito de suas melhores intenções, os pais cometem erros. Você já cometeu erros, e o mesmo aconteceu com seus pais e com os pais deles. Essas feridas são transmitidas de geração a geração. O que importa é que chegamos à idade adulta marcados de uma maneira ou de outra, e, como espero ter demonstrado, seguindo as minhas sugestões, os casais podem fazer muito para se ajudar mutuamente a curar Velhas Cicatrizes.

Permita-me que eu lhe lembre que a consciência é o segredo da cura de suas Velhas Cicatrizes. A mera identificação dos problemas sem resolução vindos da infância, e que estão sendo reproduzidos nos seus conflitos conjugais, e o trabalho com o parceiro com vista a solucioná-los fazem que você comece a trilhar o caminho que leva à cura.

Embora o casamento tenha o poder de curar, sabemos também que a maioria dos casais acaba envolvida em brigas intermináveis nas quais revivem, em vez de curar, as mágoas da infância. No decorrer das amargas desavenças conjugais, muitos casais tropeçam em intermináveis e destrutivos obstáculos à comunicação. Para resolver conflitos, temos de ter certeza de que a sua mente está trabalhando a seu favor, e não contra você.

6

Como a Sua Cabeça Pode Ser o Seu Pior Inimigo e Como Treinar a Mente para Lutar a Seu Favor e Não Contra Você

Os mal-entendidos são a fonte de muitas brigas. Como você vai ver, a maneira como você interpreta as ações ou palavras do seu parceiro determina o surgimento ou não de uma briga. Ou seja, a sua cabeça – isto é, a interpretação que você faz daquilo que você vê e ouve – pode ser o seu melhor amigo ou o seu pior inimigo. Tem-se demonstrado repetidas vezes que os casais infelizes interpretam as mensagens um do outro de maneira distorcida. E, como você adivinhou, a distorção sempre segue a direção mais negativa possível. Neste capítulo, vou explicar porque a interpretação negativa do seu parceiro é um desencadeador da ativação do SNA, bem como a morte da última esperança de resolução do conflito.

Por que uma pessoa perfeitamente normal deveria entender o parceiro sob a ótica mais negativa? Por um motivo: as Velhas Cicatrizes distorcem a maneira como cada um de nós interpreta o mundo. Se você costumava ser repreendida, você vai esperar ouvir repreensões. Se era elogiada, terá a expectativa de ser elogiada outra vez. Em outras palavras, nós ouvimos o que esperamos ouvir.

O Processo do Eco

Dado que escolhemos parceiros que lembram nossos pais, supomos inconscientemente que esses parceiros vão se relacionar conosco da maneira como nossos pais se relacionaram. Isso nos leva a distorcer o significado das mensagens dos nossos parceiros de modo que essas mensagens preencham as nossas expectativas. Eu dou a isso o nome de Processo do Eco.

Num curtíssimo espaço de tempo, o Processo do Eco assume uma feição diabólica: nossa mente inconsciente induz de fato nossos parceiros a nos tratar de maneiras com as quais estamos acostumados. Usemos Lucy como exemplo. O pai de Lucy costumava criticá-la e, por isso, sabemos que ela estará inclinada a ouvir críticas em tudo o que o seu marido, Dan, diz, seja ou não com a intenção de criticá-la. Achando que críticas lhe são dirigidas o tempo todo, ela naturalmente reage ao marido com raiva. É natural que Dan fique irritado com essas falsas acusações e comece a esperar que qualquer palavra saída da boca de Lucy seja um ataque a ele. Dentro de pouco tempo, ele vai interpretar de modo incorreto as afirmações mais inocentes dela como ataques, e tudo o que ele disser terá um teor de raiva e de ataque, tal como ocorria com o pai de Lucy!

Como você pode ver, a mente de Lucy incitou Dan a tratá-la da maneira como o pai dela a tratava. E é justamente isso que ela queria. Mas aqui é que surge o problema com a maioria dos casais: a história se repetiu (Montar o Cenário), seu parceiro trata você do mesmo modo como seus pais a trataram. Mas o que aconteceu com o final feliz que você sonhou? Em vez de chegar a uma resolução dos traumas iniciais de cada um, vocês apenas sentem ressentimento um com relação ao outro.

O que acontece em seguida nessa atmosfera de ressentimento crônico? Como não está recebendo amor e apoio do parceiro, você começa a contar pontos ("Eu estou certa e você está errado." "Eu ganhei e você perdeu."). Ganhar é uma experiência extremamente prazerosa e, sem o saber, você está dando a corda toda ao seu ego, e por isso não está obtendo muito apoio do seu parceiro.

Por infelicidade, essa manobra de promoção do ego é destruidora de casamentos, porque põe em ação um círculo vicioso mortal: ela promove mais ativações do SNA nos maridos, o que produz mais retraimento da parte destes, mais raiva da parte das mulheres, mais química negativa e mais retraimento.

Leia o diálogo a seguir, travado entre Nancy e Phil, o casal que conhecemos no Capítulo 5, e veja se você consegue detectar de que maneira o Processo do Eco desencadeou em Phil uma ativação do SNA.

> PHIL: Já chegou outra vez o dia do frango no jantar?
> NANCY: Olhe, se você não gosta da minha comida, prepare as suas próprias refeições.
> PHIL: Eu não disse que não gostava. Eu simplesmente não posso acreditar que a noite do frango tenha chegado de novo... você sabe, como o tempo voa. Por que você sempre tem uma reação tão violenta? Você é muito histérica.
> NANCY: Lá vem tudo de novo. Você é o Senhor Perfeição; nunca faz nem diz nada errado.
> PHIL (revirando os olhos): Meu Deus, minha mulher é histérica. (Ele sai da sala.)
> NANCY (gritando): Se você não fosse tão santo, eu o mandaria ir para o inferno. Eu vou lhe mostrar (jogando a comida no lixo). Por que você não pede a Deus para preparar a sua última ceia?

O que aconteceu aqui? Nancy, ouvindo crítica na pergunta inicial do marido ("Já chegou outra vez o dia do frango no jantar?"), atacou Phil imediatamente. Na seqüência, a ativação do SNA entrou em cena e ele ficou na defensiva, contra-atacou, fazendo a briga (e a comida) descer pelo ralo. É aí que o casamento vai acabar se esse casal não aprender a interpretar de maneira adequada as primeiras observações um do outro, interrompendo assim as brigas antes de começarem.

De que modo você pode treinar o seu cérebro para que ele não a induza em erro? Em primeiro lugar, tome a decisão de, por um dado período de experiência, não reagir de imediato quando se sentir criticada. Isso requer muitíssima força de vontade. Mas a recompensa é salvar o seu casamento. Tudo está inteiramente nas suas mãos e eu prometo que a técnica a seguir funcionou para a maioria dos casais de que tratei. Se você resolveu experimentar isso, continue a ler.

Como Treinar o Seu Cérebro para Interpretar de Modo Adequado as Primeiras Afirmações Feitas pelo Seu Parceiro

Passo Um: Prenda os Cachorros

Da próxima vez que sentir que a primeira observação feita pelo seu parceiro é uma crítica ou um ataque, não faça nem diga coisa alguma. Como você precisa fazer uma pausa, diga ao seu parceiro que você precisa de um minuto para elaborar alguma coisa que tem em mente. Se for necessário, saia da sala.

Passo Dois: Retroceda no Tempo

Agora, tente pensar na sua infância e pergunte a si mesma se a observação feita pelo seu parceiro lembra-lhe de alguma coisa que aconteceu no passado. Deixe aflorar qualquer lembrança que pareça pertinente. Quem disse o que a você? O que havia na linguagem corporal, no tom de voz e na expressão facial da pessoa, no momento em que ela disse aquilo que a incomodou?

Passo Três: Examine a Realidade sem Preconcepções

Pergunte a si mesma: as palavras, as ações, a linguagem corporal, o tom de voz ou as expressões faciais do meu parceiro são semelhantes ao comportamento da pessoa presente na minha lembrança da infância? Há alguma probabilidade (mesmo um por cento) de que possa haver alguma outra explicação para as ações ou palavras dele? Será possível que eu o tenha entendido mal? Se você tiver a mais ínfima dúvida sobre a possibilidade de haver uma interpretação mais positiva, conceda ao seu parceiro o benefício da dúvida.

Passo Quatro: Verifique a Sua Suspeita

Agora você pode voltar ao cômodo onde está o seu parceiro e usar uma técnica que eu chamo de Verificação. Não, não estou falando que você e o seu parceiro devam fazer uma verificação da situação do casamento. Estou dizendo que, como decidimos que há a possibilidade de que você tenha ouvido o seu parceiro sob uma ótica claramente negativa, você precisa verificar a sua suspeita de que possa estar errada.

Passo Cinco: Faça os Pêlos Eriçados do Marido Voltarem ao Normal
(Use de Acordo com a Sua Necessidade)

Esse incidente (sua irritação, o fato de você sair do cômodo) pode ter desencadeado no seu marido a ativação do SNA. Assim, assegure-se de fazer que quaisquer pêlos eriçados dele voltem ao normal. Para realizar essa tarefa, você pode dizer-lhe que o incidente do momento a fez lembrar-se de algo e explique que a intensidade da reação demonstrada adveio de outras questões. Essa técnica tem grande eficácia no combate à ativação do SNA e ao retraimento dos maridos, dado que o foco da culpa é retirado dele e dirigido a um território mais neutro, como a sua história.

De que maneira Nancy e Phil puseram em prática esses cinco passos? Eu vou lhe mostrar.

Repetição do Pesadelo da Iguaria de Frango: I

PHIL: Já chegou outra vez o dia do frango no jantar?
NANCY: Querido, essa sua pergunta está me incomodando. Preciso ficar um momento sozinha. (Prenda os Cachorros)
Nancy percebe que a observação de Phil a fez lembrar-se do pai, que sempre a menosprezava. (Retroceda no Tempo).
Em seguida, ela reexamina o tom de voz e a linguagem corporal que acompanharam a afirmação do marido e percebe que elas eram neutras. (Examine a Realidade sem Preconcepções)
Agora ela está pronta para retomar a conversa com ele.

NANCY: Eu só quero ter certeza. Você por acaso está dizendo que não gosta do meu frango? (Verifique a Sua Suspeita)
PHIL (elevando a voz): Claro que não. Por que você sempre acha que eu a estou criticando?
NANCY: Meu bem, eu entendo que você esteja zangado. Você quer saber por que eu o interpretei mal? (Faça os Pêlos Eriçados do Marido Voltarem ao Normal)
PHIL: Quero.
NANCY: Você sabe que meu pai sempre dizia que eu não conseguia fazer nada direito... bem, eu estava tão acostumada a ser rebaixada por ele que entendi mal o que você disse. (Faça os Pêlos Eriçados do Marido Voltarem ao Normal)
PHIL: Agora eu entendi.
Eles se abraçam e o problema é resolvido.

Com a prática, você será capaz de realizar os passos de um a três num piscar de olhos e sem sair da sala e sem interromper o andamento da conversa. Quando chegar a esse nível de proficiência, é provável que você possa ir diretamente à Verificação, sem percorrer os outros passos. Apresento a seguir um exemplo do que estou dizendo.

Repetição do Pesadelo da Iguaria de Frango: II

PHIL: Já chegou outra vez o dia do frango no jantar?
NANCY: Só para conferir: você está dizendo que não gosta do meu frango? (Verifique a Sua Suspeita)
PHIL: Não, de forma alguma. É que me surpreendi com a rapidez com que os dias passam.
NANCY: Se não gostasse do meu frango, você me diria? (Verifique a Sua Suspeita outra vez)
PHIL: Claro que sim. E eu gosto do seu frango.
NANCY: Que parte dele você prefere? (Ela dá uma risadinha.)
PHIL: Bem, você sabe que eu gosto do peito, mas também gosto das coxas e especialmente do pescoço. (Ele se aproxima dela.)
NANCY: Você está com fome agora?
PHIL: Mastigar um pouco não me faria mal. (Ele toma a esposa nos braços e morde-lhe o pescoço afetuosamente.)

Como você pode ver, mediante o uso da técnica da Verificação, a observação inicial foi interpretada de forma adequada e evitou-se uma briga. Lembre-se de que as brigas são como os trilhos de uma estrada de ferro: se você entrar nos trilhos errados, haverá o choque de duas locomotivas; mas se você passar aos trilhos certos (interpretando corretamente as observações iniciais), poderá com muita freqüência evitar um choque.

Personalização Excessiva

Além das distorções negativas, cônjuges atingidos por conflitos de natureza crônica precisam eliminar outro tipo de distorção cognitiva: a personalização excessiva.

> O marido de Doreen tem chegado tarde do trabalho há algumas semanas. Ela supôs automaticamente que o comportamento de Leroy era contra ela (personalização). Uma vez que Doreen começou a personalizar, sua mente se viu com livre curso, inventando interpretações que a torturavam muito dolorosamente. (Ele arrumou outra mulher. Ele já não me julga atraente.) Quando essas idéias emergiam, ela se sentia magoada e irritada. Depois disso, ela transformou sua raiva em atos (lamentar-se, queixar-se, criticar, atacar), o que desencadeou a ativação do SNA e o retraimento do seu marido; este último, por sua vez, reforçou a idéia dela de que ele já não a amava e, dentro de pouco tempo, estava ocorrendo uma grave batalha conjugal.

Embora os homens tenham dificuldade para aceitar a responsabilidade quando eles provocam sofrimento emocional, as mulheres se apressam demais a personalizar e a manter a si mesmas como responsáveis quando não existe razão para isso. Pelo amor de Deus, e por amor do seu casamento, sempre suponha que você está personalizando desnecessariamente e, antes de reagir, Verifique a Sua Suspeita para ter certeza de que as suas percepções estão corretas.

Há naturalmente ocasiões em que uma Verificação vai confirmar que a sua interpretação está correta. Em casos dessa espécie, você precisará usar as técnicas de resolução de conflitos discutidas nos Capítulos de 8 a 10.

Tendo aprendido a treinar o seu cérebro para lutar a seu favor, e não contra você, você está quase pronta a assinar com o seu parceiro um tratado de paz permanente. Mas em primeiro lugar, antes de poder aprender técnicas de negociação, você tem de assimilar os elementos do Controle do Clima Conjugal.

7

Uma Arma de Guerra: Como a Mulher Pode Usar Técnicas de "Controle do Clima" para Acabar com as Brigas Conjugais

Bernadette acordou com um excelente estado de espírito. Hoje era o dia de almoçar em seu restaurante favorito com a sua melhor amiga, Sally. Seu estado de ânimo se abalou rapidamente quando ela tropeçou no *jeans* sujo do marido, amarrotado no chão ao lado da cama. No percurso até o banheiro, ela foi encontrando um campo minado de roupa suja. No banheiro, encontrou uma bola de cabelos na pia e toalhas molhadas jogadas na banheira. Sua raiva começou a se elevar como mercúrio exposto ao sol. Ela respirou fundo, contou até cinqüenta e se dirigiu à cozinha, onde encontrou a mesa atulhada de migalhas e de manchas de café, e o pacote de leite dando-lhe as boas-vindas de cima do aparador, para não falar de uma pilha de louça suja. De repente, seu termômetro de raiva chegou ao limite. Ela arrancou o fone do suporte e discou o número do escritório de Peter.

Ele respondeu com um alegre "Alô".

– Você fez outra vez! – gritou ela.

– Ei, qual é o problema?

– Eu não sou a droga da sua criada, esse é o problema. Quantas vezes eu já pedi para limpar o caminho por onde passa?

– Você está fora de si, sabia? Talvez seja melhor ir a um psiquiatra.

– E você tem coragem de dizer que estou louca, seu cachorro! – disse ela em altos brados ao telefone mudo.

Agora Bernadette estava num estado de espírito bastante ruim.

"A vida é uma porcaria e você acaba se casando com uma" é um ditado que vemos em pára-choques por todos os Estados Unidos. Onde não há pára-choques, é provável que você encontre homens acocorados ao redor de fogueiras queixando-se da Megera que mais uma vez está cozinhando ali ao lado, em fogo lento (e não estou me referindo a tomates). Suspeito que, se houvesse pessoas na Lua, veríamos esse ditado decorando o firmamento.

Muitas mulheres casadas ficam irritadas por ter de se encarregar da maior parte das tarefas domésticas, além do seu trabalho profissional. A cobertura do bolo (assado por elas desde o começo) é o fato de que suas necessidades emocionais não estão sendo atendidas. E quando está irritada, a mulher quer se assegurar de que o marido saiba disso. Por infelicidade, a natureza expressiva do papel do gênero feminino é a centelha que acende a chama do homem, fisiologicamente hiper-reativo. Não estou dizendo que você precisa ficar calada quando surgem questões que a perturbam. Digo em vez disso que, antes mesmo de pensar em tratar de seus problemas conjugais, você tem de fazer que a ativação do SNA e os comportamentos de retraimento do marido saiam do seu caminho. Do contrário, você estará tentando negociar com uma porta! Em resumo: antes de tentar negociar, você primeiro tem de esfriar o clima conjugal com as técnicas de Controle do Clima Conjugal a seguir.

Os Elementos do Controle do Clima Conjugal

Há sete princípios básicos de Esfriamento.

A Equipe Tem Primazia Sobre Cada Jogador

Os casais felizes trabalham pelo bem do grupo e não pelo bem de cada jogador. Eles se empenham em produzir uma situação do tipo em que todos ganham em vez de uma situação em que se pode ganhar ou perder. Se algum dos parceiros se dá conta de que um conflito não vai contribuir para o bem do grupo, um deles vai ceder, assumir um compromisso, adiar discussões ou fazer o que for necessário para que a equipe ganhe. Isso significa que esses casais evitam sistematicamente as Ciladas das Brigas que analisamos no Capítulo 3, ciladas que, sem exceção, provocam a escalada do conflito.

Saber Quando Calar

Os casais felizes sabem como deixar de dizer as coisas que "é melhor não dizer". Em casamentos infelizes, os parceiros praticam a abordagem segundo a qual "a honestidade é a melhor política". Eu não sei quem é o responsável por inventar essa frase, porque, sem dúvida, se trata da maior falácia a ser imposta ao casamento. Por favor, não me compreendam mal. Eu não estou dizendo que você deve mentir. O que eu estou dizendo é que, em algumas ocasiões, dizer tudo faz mais mal do que bem. Eu sempre digo aos casais com quem trabalho: "Antes de falar, pergunte a si mesmo: 'Se eu disser o que eu pretendo dizer, estarei ajudando o meu parceiro e o nosso relacionamento?' Se a resposta for 'não', não diga coisa alguma."

Quando Deixar Passar e Quando Levar a Sério

Nos casamentos infelizes, toda questão é considerada um assunto de Estado. Tony Robbins chama a isso de "especialização em coisas irrisórias". É muito comum que os casais perturbados ajam dessa maneira porque questões não-resolvidas e ressentimentos residuais (ao lado da química corporal perturbada) estão jogando lenha na fogueira. Antes de se dar conta, o casal está literalmente fazendo muito barulho por nada.

Em certas ocasiões, a transformação em assunto de Estado de questões sem importância acontece porque os casais, de forma mais ou menos consciente, estão tentando evitar a discussão dos verdadeiros problemas que os estão incomodando. Como carecem das capacidades apropriadas para a resolução de conflitos, esses casais sabem que vai irromper uma briga se tentarem tratar das verdadeiras questões. Essa evitação deixa todos com os nervos à flor da pele, prontos a travar uma batalha por causa de coisas insignificantes.

> Sarah gosta de ter de si mesma a imagem de uma pessoa compassiva que não deixa que as pequenas coisas a afetem. Toda vez que Steve deixa os sapatos no meio da sala, ela fica contrariada mas não julga que uma coisinha dessas mereça ser mencionada. Quando ele critica suas habilidades culinárias na frente da mãe dele, ela diz a si mesma, mordendo os lábios de raiva, para não fazer tempestade em copo d'água. Então, certa noite, Steve chega atrasado cinco minutos para o jantar, e Sarah, a rainha do perdão, começa a gritar como uma louca, bem como a atirar todos os componentes do jantar de um lado para o outro da sala – vencendo assim o campeonato anual de lançamento de louça.

Evitar discutir os conflitos pode ser um tiro pela culatra. Quando a raiva não é descarregada no momento, permanece como um resíduo emocional que se assemelha à gordura residual da sopa; e esse resíduo acumulado pode fomentar (e não fermentar) uma explosão quando você menos espera. Em conseqüência, é preciso tratar de uma questão importante em vez de escondê-la debaixo do tapete.

Como se sabe quando uma questão tem importância suficiente para não deixar de ser tratada? Eu sempre digo aos meus clientes: "Se incomoda você, é importante." Se você tende a varrer todas as questões para baixo do seu tapete emocional, suponha, ao menos no começo, que tudo é importante. Dentro de pouco tempo, você saberá com que vale ou não vale a pena se irritar. Eis um macete: trate da questão imediatamente ou se esqueça dela. Mas tenha a certeza de que, se e quando decidir deixar passar um assunto, você não esteja simplesmente evitando esse assunto, enterrando-o numa cova rasa.

Quando Pedir uma Trégua Permanente com Relação a Certos Assuntos

Os casais felizes evitam discutir questões candentes que não têm nenhuma relação com o casamento (por exemplo, diferenças políticas). Os casais infelizes, em contraste, são dados a ficar voltando às suas áreas de divergência, um sempre tentando impor ao outro suas próprias opiniões. Quando se age dessa maneira, o que na realidade se impõe ao outro são maus sentimentos.

Conceda o Benefício da Dúvida

Falei muitas vezes que a sua mente pode ser o seu pior inimigo ao dar uma inflexão negativa às mensagens do seu parceiro. A expressão técnica para isso é *compreensão mental com afeto negativo*, e os casais infelizes têm Ph.D. nisso. Os casais cujo casamento é feliz, ao contrário, concedem o benefício da dúvida ao parceiro, supondo a melhor interpretação possível das palavras, ações e gestos do outro, em vez de supor a pior. Essa inflexão positiva cria um clima otimista no relacionamento que faz que se realize por si mesma a profecia do bom entendimento. A expectativa de ouvir coisas positivas convida a ocorrência desses tipos de mensagens. Continue a praticar os exercícios da Verificação do Capítulo 6, que vão ensiná-la a dar ao seu parceiro o benefício da dúvida – um importante esfriador do clima conjugal.

Alerta Vermelho: Identifique as Áreas Perigosas do Casamento

Os casais felizes são especialistas em identificar as Áreas Perigosas do Casamento (a exaustão física ou emocional, as doenças, a perda ou a morte de um genitor ou amigo ou alguma irritação decorrente de eventos recentes) e em fazer tudo para evitar discussões importantes até que um dos parceiros, ou os dois, esteja menos vulnerável.

A Ração Diária: Mantenha a Proporção de Cinco para Um

Nos casamentos felizes, os casais mantêm entre as mensagens positivas e negativas a proporção de cinco para um. Os pesquisadores das relações conjugais Gottman e Silver descobriram que, para cada palavra, interação ou mensagem negativas transmitidas num dia, há cinco mensagens amorosas para contrabalançar as negativas. Se essa proporção de cinco partes positivas para uma negativa não se mantiver, o casamento se dissolve rapidamente.

Parceiros afetados por problemas costumam me dizer que seus cônjuges não praticam cinco atos dignos de louvor num ano inteiro, quanto mais num único dia! Se é esse o seu sentimento, posso assegurar-lhe que a sua raiva a está deixando cega ao bem que há diante de seus olhos. Alimentar a raiva e recusar-se a ver os comportamentos positivos do seu parceiro é uma forma deturpada de autoproteção. Se vir o bem, você poderá ter de baixar a guarda e se arriscar a ser magoada outra vez. Enquanto se sentir irritada, você terá um campo de força para protegê-la. Mas será toda essa raiva uma real proteção? A curto prazo, pode parecer que sim; em última análise, o uso da raiva como armadura é destrutivo porque mantém a guerra e evita que você obtenha o amor de que precisa.

Que tal tentar alguma coisa na minha companhia? Não baixe a guarda. Não confie no seu parceiro. Até guarde os seus sentimentos de raiva, se quiser. Mas, por um tempo, coloque-os em sua gaveta psicológica de baixo. Você sempre pode tirar a raiva de lá a qualquer momento. Agora, pelo bem do seu casamento, pergunte a si mesma: "Se eu não estivesse tão irritada, o que poderia elogiar nas ações do meu parceiro?" Registre a resposta por escrito.

Em seguida, faça ao seu parceiro os elogios correspondentes. Quando o fizer, lembre-se de que você não tem de baixar a guarda nem confiar no seu parceiro. Limite-se a transmitir o elogio e veja o que acontece.

Técnicas Gerais de Esfriamento do Clima para Usar Quando o Conflito Eclode

Além dos elementos básicos do Esfriamento, você precisa saber como esfriar o clima quando algum de vocês já está fervendo.

Mantenha um Tom Calmo

Gottman e Silver também descobriram que é possível distinguir os casais infelizes dos felizes pelo tom de voz que usam ao se dirigir um ao outro. Os parceiros atingidos por conflitos crônicos falam um com o outro em tons grosseiros, de queixa, sarcásticos e irritantes, ao passo que os casais felizes nunca falam entre si dessa maneira. Será que os casais infelizes desenvolvem esses tons ásperos depois de ficar infelizes ou foram esses tons que contribuíram para a sua infelicidade? Quem sabe? O que de fato se sabe é que, se você não largar as armas e a munição, suas batalhas jamais vão acabar. Por que não fazer uma experiência para descobrir se há tons ásperos reverberando em sua casa? Da próxima vez que tiver com o seu parceiro uma discussão conflituosa, ligue o gravador. Tente esquecer que a fita está andando e fale naturalmente. Então, mais tarde, ouçam o que vocês disseram e examinem honestamente o tom de voz de cada um. Aposto que terão uma surpresa. Para citar o poema "*The Louse*" [O Desprezível], de Robert Burns: "O *wad some Power the giftie gie us to see ourels as ithers see us.* [Como seria bom se alguma Força nos permitisse ver a nós mesmos como os outros nos vêem!]". Para conseguir a harmonia conjugal, temos de revisar o poema da seguinte maneira: "ouvirmos a nós mesmos tal como os outros nos ouvem".

Pedidos em Oposição a Censuras

Quando a mulher lhe atira censuras no rosto, o marido não sabe como traduzir as queixas dela em pedidos de mudança do comportamento. Examinemos algumas queixas que as mulheres costumam fazer:

"Você não me ama mais."
"Acabou o romantismo na nossa vida."
"Seu trabalho é mais importante do que eu."
"Você já não me considera especial."

Você consegue perceber a maneira pela qual essas reclamações deixam o seu marido sem saber o que fazer? Ele sabe que é acusado de errar em algum aspecto, mas esse tipo de censura não esclarece coisa alguma. Em vez de criticar o marido ou de se queixar dele com relação às coisas que ele *não* faz, você tem de aprender a pedir *diretamente* aquilo de que precisa, antes de ele ter a oportunidade de decepcioná-la. Transforme o que diz num pedido, não numa queixa.

Tenho ouvido repetidas vezes mulheres infelizes no casamento jurar que disseram com clareza ao marido o que precisavam e que o marido simplesmente se recusava a responder. Esses mesmos maridos, pálidos, juram que nunca ouviram a mulher dizer o que queria deles. Haverá alguém mentindo aqui? A mulher falou daquilo que a incomodava, e repetiu isso muitas vezes. Por que então o marido não a ouviu? A resposta para o mistério está no fato de que *a maioria das mulheres se queixa de modo amargo e áspero daquilo que não estão conseguindo do marido*. Diante de reclamações expressas com ardor, o homem é atingido pela ativação do SNA e fica com o cérebro literalmente paralisado. O homem se torna incapaz de ouvir ou de processar o que lhe é dito, razão pela qual ele não mente quando diz que nunca ouviu o que a mulher queria. O fato de o marido não escutar faz que a mulher aumente o volume das suas queixas. Trata-se de um grande erro, dado que, como você sabe, elevar o nível de emocionalidade acentua ainda mais a ativação do SNA no homem, tornando-o surdo como uma porta. Examinemos o exemplo de Mike e Erica.

> Durante anos, Erica viveu irritada com o fato de o marido voltar tarde para casa, de evitar a companhia dela escondendo-se no porão e de não dividir com ela as tarefas domésticas. Ela me disse exaltada numa sessão que ele não se importava com ela. Perguntei-lhe se ela já explicara ao marido que sentimentos o comportamento dele lhe causava. Ela jurou que o vinha fazendo repetidas vezes ao longo dos anos.
>
> Decidimos nos reunir com o marido dela, Mike, que entrou na sala subrepticiamente como um garoto prestes a levar uma bronca. Ele sentou-se no meu sofá e ficou olhando para o tapete. Erica lhe disse que estava muito chateada com ele, cansada de sua falta de responsabilidade.
>
> Eu pedi a ela que parasse de se queixar e descrevesse, com toda a calma, o comportamento dele e o efeito dele sobre ela.
>
> Ela persistiu em afirmar que era inútil falar com ele.
>
> Eu lhe disse que, ainda que fosse inútil, ela o fizesse. E foi aí que o milagre aconteceu.

Ela descreveu calma e claramente o comportamento dele que a perturbava e relatou de que maneira isso a fazia se sentir.

De repente, Mike começou a chorar e disse que não tinha idéia do que estava fazendo com ela. Afirmou que a amava e que mudaria de comportamento. Eles choraram nos braços um do outro e, pela primeira vez em mais de uma década, se comunicaram verdadeiramente.

A moral da história é que, graças à apresentação controlada de Erica, Mike finalmente a ouviu e mudou de comportamento. O casal dentro de pouco tempo parou o tratamento comigo. Ruim para os negócios, mas bom para o casamento!

Em decorrência de tentativas passadas que redundaram em fracasso, você pode estar cética ou temerosa de alimentar a esperança de que o seu marido possa de fato se relacionar bem com você. Façamos uma pequena experiência: diga diretamente ao seu parceiro o que você quer. Para se proteger da desilusão, suponha que ele não vai lhe responder. Creio que você vai se surpreender com a propensão dele para responder – supondo que você tenha um parceiro que queira manter o relacionamento com você e que não esteja demasiado acossado por Velhas Cicatrizes.

O Momento Certo

Um recurso importante para evitar que esquente uma discussão de conflitos consiste em saber quando abordar o seu parceiro. Tenho feito com freqüência a observação de que as mulheres infelizes têm uma queda para abordar o marido no pior momento do mundo. Uma mulher que foi parte do meu estudo sempre tentava travar discussões sérias com o marido quando ele estava de olho pregado na televisão, pronto a assistir o grande jogo. Ele estava pronto para o "grande receptor" e não para recebê-la. Se o seu marido parecer cansado, irritado ou preocupado, deixe a sua missão para outro momento.

Para perder o hábito de escolher o momento errado, você precisa Bater antes de Entrar, em vez de se chocar com o seu parceiro como uma jamanta. (Discutiremos amplamente esse recurso no Capítulo 10.) O que é preciso ter em mente é que Bater antes de Entrar é um processo simples no qual você pergunta ao seu cônjuge: "Este é um bom momento para conversar?" Ou: "Você tem um minuto?" Essas perguntas mostram a sua consideração pelo seu cônjuge e promovem uma resposta mais receptiva da parte dele. Bater antes de Entrar também serve de modelo para que ele veja que tem de mostrar consideração quando a abordar.

Espere a Poeira Assentar

Não aborde o seu parceiro no calor da hora. Até ter mais condições de tratar de seus conflitos, você corre o risco de perder a calma e de recorrer a Ciladas das Brigas. Assim, conte até cinco, ou até quanto você precisar, para analisar o que está acontecendo sem nada dizer. Examine sozinha quais foram as Velhas Cicatrizes abertas pelo atual conflito entre vocês.

Saiba Quando Mandar Recuar as Tropas

Quando uma discussão parece estar prestes a sair do controle, as mulheres que têm casamentos felizes sabem como fazer uma de duas coisas: deixar a conversa para outra hora, como já dissemos, ou usar os métodos apresentados neste capítulo para esfriar os ânimos.

Humor

As pesquisas mostram que raiva e bom humor não podem coexistir porque as substâncias bioquímicas que acompanham o bom humor são incompatíveis com as ativadas pela raiva. É melhor dirigir o humor para si mesma ou para uma dada situação, nunca se devendo usá-lo às custas do parceiro.

Humor Dirigido a Si Mesma

Beth e Leon visitam as irmãs dele na Europa. Beth é bem mais jovem do que Leon, e a irmã mais velha dele nunca perde a oportunidade de menosprezá-la numa língua estrangeira que soa para Beth como uma sopa de letras. Numa dada ocasião, a cunhada pôs perto da mesa um cadeirão e indicou a Beth que se sentasse nele. Beth ficou espumando de raiva, mas, não sendo fluente na língua da cunhada, não teve outro jeito além de engolir seus sentimentos. Mais tarde, quando estava sozinha com Leon, ela lhe disse como se sentia com o fato de ele não dizer à irmã que ela estava saindo da linha.

– Fiquei muito irritada por você não ter me defendido.

– Eu deveria ter feito isso. Juro por Deus que estava tão entretido na conversa com Enrique que não vi nem ouvi o que ela fez. O que você espera de um marido tão velho? Estou praticamente cego e surdo.

– Muito engraçado. Está bem. Como você é tão velho e eu tão jovem, que tal se eu chegar para o café da manhã de fraldas?

– E eu posso chegar na minha cadeira de rodas.

No exemplo acima, usou-se o bom humor para esfriar uma situação que poderia facilmente ter levado a uma explosão.

Diga Não ao Sarcasmo

Não se deve confundir humor com sarcasmo – confusão que constitui uma potente Cilada de Brigas que ocorre quando a pessoa finge concordar quando na realidade não concorda. O sarcasmo pode também assumir a forma de observações cortantes. Se você deseja obter a harmonia conjugal, todas as formas de sarcasmo têm de ser eliminadas. Vamos repetir o diálogo do nosso casal em férias européias e mostrar com que facilidade seu humor poderia ter degenerado em sarcasmo.

– O que aconteceu com a sua língua naquela hora?
– O que você quer dizer?
– Por que você não me defendeu? Você perdeu as suas "bolas"?
– Quem sabe se eu perdi é você; faz tempo que você as vem usando.

Crie um Clima Tranqüilo Atendendo às Necessidades do Outro

Além das técnicas antecedentes de Esfriamento, para serem usadas em momentos de perturbação, você também vai precisar tornar-se proficiente nas técnicas a seguir, as quais vão ajudá-la a garantir que haja um clima tranqüilo o tempo inteiro.

A Regra de Platina

Grande parte dos casais perturbados vive segundo a Regra de Ouro: faça aos outros o que gostaria que fizessem a você. Eles se comportam como se estivessem preso um ao outro por cordões umbilicais, proporcionando a cada um aquilo que eles mesmos querem. Por exemplo, uma mulher que deseja ser mais acalentada emocionalmente pode cumular o parceiro de afeto, ao passo que este pode se sentir oprimido por essas provas de amor. Nesses casos, nenhum desses dois parceiros têm as suas necessidades atendidas. Eis outro exemplo:

> Emily gosta de ser paparicada quando está doente, enquanto Aaron quer que o deixem em paz quando não está bem. Sempre que Aaron adoece, Emily começa a mimá-lo, levando para ele sopa e remédios, com a esperança secreta de que ele perceba a insinuação e faça o mesmo por ela quando ela estiver doente. Mas toda essa preocupação dela só incomoda Aaron. Emily precisa parar de proporcionar a Aaron aquilo de que ela precisa e dar a ele aquilo de que ele precisa, e vice-versa.

Nos casamentos felizes, os cônjuges reconhecem que cada qual é uma pessoa individual e vivem de acordo com a Regra de Platina: faça ao outro parceiro o que você sabe que ele ou ela quer.

Aceitação das Diferenças

Nos casamentos felizes, os dois parceiros estão dispostos a tolerar as diferenças em muitos níveis. Nos casamentos infelizes, as opiniões e atitudes divergentes são consideradas insultos pessoais. Para que um casamento floresça, os parceiros devem ter segurança suficiente para se reconhecerem mutuamente e permitir que cada um deles exista como um ser separado.

É vital que os cônjuges tolerem os sentimentos e emoções um do outro, algo que raramente acontece em casamentos perturbados.

Não Leia a Mente

Num plano relacionado com esse, como se acostumaram a cuidar das coisas por si próprios, os maridos muitas vezes supõem aquilo que as mulheres querem e do que elas precisam, e agem com base nos pressupostos que estabelecem, sem verificar a veracidade deles. Esses pressupostos resultam facilmente em terríveis sofrimentos. Por exemplo, quando Blain e Tamara se separaram, ela voltou a morar com os pais. O casal se encontrava nos fins de semana, na esperança de conseguir uma reconciliação. Durante semanas, Blain visitou fielmente a mulher, até descobrir que, depois das visitas, a sua sogra não parava de dizer à filha o quanto não gostava dele.

Para poupar à mulher o sofrimento das observações da mãe, ele interrompeu as visitas. Seu afastamento foi a sua maneira de mostrar que se importava com a mulher. Ele só não pensou numa coisa: ela não queria que ele parasse de fazer as visitas e se sentiu rejeitada pelo afastamento dele.

O parceiro que está passando por perturbações em sua relação cai em problemas quando supõe aquilo que o companheiro pensa, sente e precisa, e então age com base nessas suposições. O cônjuge que recebe esses "presentes" costuma sentir-se arrasado e rejeitado. Desse modo, em consideração pelo fato de vocês serem pessoas diferentes e, para evitar sofrimentos conjugais, jamais suponha aquilo de que o seu parceiro precisa. Procure sempre verificar.

Evite Tomar Decisões Unilaterais

Uma maneira de elevar o clima marital à temperatura dissolvente dos trópicos é tomar decisões que afetam o parceiro sem tê-las antes discutido com ele. Assegure-se de conversar sobre todo e qualquer plano, grande ou pequeno, antes de torná-lo realidade.

> Paul e Claire tinham acumulado 40 mil dólares em suas economias. Um dia, sem consultar Claire, Paul esvaziou a conta de poupança para comprar um Mercedes 380. Ele ficou arrasado ao descobrir que a mulher se debulhou em lágrimas. "Mas Paul", suspirou ela, "você gastou o sinal para a compra da nossa casa!"

Lembre-se do Especial da Semana

Além da sugestão ampla de que os casais devem manter uma proporção de cinco para um em termos de mensagens positivas *versus* negativas, minha pesquisa mostrou que, para se sentir amada, a mulher precisa de lembretes freqüentes de que ela é especial para o marido.

Os maridos costumam me dizer: "Eu mostro que ela é especial: chego em casa no horário, não a engano, entrego a ela o salário." Em resposta, as mulheres dizem: "Todo bom marido colabora dessa maneira com a família. É uma obrigação, um dever. Eu preciso saber o que há de especial em mim. Quero saber por que você se importa comigo e não com alguma outra pessoa." Em suma, as mulheres precisam de lembretes regulares de que são tão especiais para o marido hoje quanto o foram nos primeiros dias do seu relacionamento.

Dar flores e chocolates se transformou no padrão industrial da demonstração a esposas e namoradas de que elas são amadas. O único problema que afeta as flores e os chocolates é a sua universalidade (todos os homens fazem isso); e, em conseqüência, algumas mulheres acham que o marido que lhes leva flores realiza antes um ritual e não expressa um verdadeiro sentimento de amor. Essa dificuldade tem fácil solução: basta você comunicar ao parceiro quais ações ou gestos dele são capazes de fazer você se sentir especial. Um telefonema, uma massagem, um encontro semanal, comprar uma jóia, preparar a sua refeição favorita. Você pode estar pensando: "Mas eu já lhe disse mil vezes o que eu quero." Tenho de lembrá-la outra vez que a maioria das esposas com problemas no casamento comete dois erros fatais: ou se queixam repetidas vezes daquilo que não estão recebendo, o que torna seus maridos surdos e incapazes de reagir, ou fazem pedidos gerais em vez de específicos, dizendo, por exemplo, "Faça que eu me sinta especial" em vez de dizer: "Eu me sentiria especial se você me fizesse a surpresa de comprar uma roupa nova".

Acredite-me quando eu lhe digo: se você comunicar com clareza as suas necessidades, sem ser vaga nem crítica, um marido amoroso geralmente vai ter uma reação favorável.

Os maridos com quem trabalhei consideraram útil que as esposas criassem uma lista do Especial da Semana com base na qual eles possam escolher livremente. A palavra-chave aqui é "livremente": os maridos têm de se sentir livres para escolher a maneira pela qual vão demonstrar o amor que têm pelas esposas. Por conseguinte, a lista não tem de parecer uma lista de ordens.

Do mesmo modo, é importante que os homens compreendam que as mulheres se sentem amadas e queridas quando seus parceiros fazem gestos amorosos sem receber estímulo para isso. Se sentir que tem de pedir, de implorar ou de lembrar o parceiro para que ele traga o Especial da Semana, a mágoa da mulher será muito profunda ou então ela vai ficar louca de raiva. Como a única loucura que queremos ver são as loucuras do amor, lembre-se de que os Especiais da Semana precisam vir do coração e dispensar lembretes.

O Trivial Pode Ser uma Ceia

Para quem não conhece: o Hamburger Helper é um produto alimentício embalado que se destina a transformar pequenas quantidades de carne numa refeição completa, fazendo assim muito a partir de pouco. Um dia veio-me a idéia: as mulheres precisam de Hamburger Helpers. Isto é, além do Especial da Semana, que é uma ação amorosa, as mulheres precisam de lembretes verbais regulares do fato de que ocupam um lugar especial no coração dos maridos.

Não se Esqueça do Tapinha no Ombro Dele

Para ajudar seu parceiro a atender às suas necessidades sem que seja preciso viver reclamando com ele, um "tapinha nas costas" em agradecimento pelos seus esforços faz maravilhas. Nunca se esqueça de que, enquanto as mulheres precisam ser lembradas de que são especiais, os homens precisam de lembretes verbais de que seus esforços são apreciados. Desse modo, assegure-se de fazer que seu parceiro saiba que você valoriza os esforços que ele faz para atender às suas necessidades, e diga-lhe isso todos os dias.

Atender às Necessidades do Seu Parceiro

Nos casamentos infelizes, os dois parceiros lutam para garantir que suas necessidades individuais sejam atendidas. Nos casamentos felizes, os parceiros têm como foco atender às necessidades um do outro. Quando toma essa última atitude, você se torna fonte de prazer e de cura para o seu cônjuge, em vez de fonte de frustração. O livro de Harville Hendrix, *Getting the Love You Want* [Como Conseguir o Amor que Você Quer], descreve de que maneira o fato de se dedicar às necessidades do parceiro resulta em satisfação das próprias necessidades. Recomendo enfaticamente esse livro.

Transmitir Compreensão Emocional

A sensação de ser compreendido(a) (a Compreensão Percebida) é considerada por alguns pesquisadores de casais o mais importante elemento de um casamento feliz. Trata-se de uma capacidade especialmente difícil para os homens, dado que eles pensam em termos orientados para a ação, e acham difícil acreditar que a mera compreensão seja tudo o que é necessário. A melhor maneira de ensinar a um homem essa capacidade é o emprego de uma orientação delicada no decorrer de uma discussão. Apresento a seguir um exemplo de como fazê-lo.

> ETHEL: Minha irmã foi muito ruim comigo. Que mal eu lhe fiz?
> JIM: Estou com a maior vontade de ligar para ela e dizer uma ou duas coisas (correção, orientada para a ação).
> ETHEL: Eu sei que você quer ajudar, mas o que pode me ajudar mais agora é você simplesmente ouvir como eu me sinto (orientação delicada).
> JIM: E de que adianta isso? Acho que você se sentiria melhor se ligasse para ela e lhe dissesse uma ou duas coisas (correção, orientada para a ação).
> ETHEL: Meu bem, eu sei que você quer corrigir isso por mim. Mas só compreender como eu me sinto já faz todas as correções de que preciso (mais uma vez, orientação delicada).
> JIM: Você quer dizer que se eu a escutar e compreender, você vai ficar bem?
> ETHEL: É só disso que preciso.

Cumprir as Promessas

Promessas não-cumpridas são dolorosas e trazem prejuízos à união conjugal. Quando um cônjuge quebra habitualmente suas promessas, podemos suspeitar da ação de um distúrbio de personalidade agressivo-passivo em que a raiva é expressa indiretamente pelo rompimento de promessas ou pela abstenção. O rompimento de promessas também pode resultar de um distúrbio de personalidade dependente. O cônjuge dependente faz promessas que não deseja cumprir, apenas para acalmar o outro ou para evitar a raiva deste. Quando o rompimento de promessas tem por causa distúrbios de caráter, é recomendável a ajuda profissional.

Há também ocasiões em que as promessas não-cumpridas não se devem a distúrbios de caráter. Por exemplo, os homens, de maneira geral, seguem um curso de ação que julgam que vai agradar às esposas e, ao fazê-lo, costumam se esquecer de promessas feitas ou fazer outra coisa em seu lugar. Tem-se observado que os homens encontram dificuldade para seguir simultaneamente dois cursos de ação.

> Louis tinha prometido levar Tina para jantar a fim de celebrar seu décimo aniversário de casamento. Dias antes, Tina descobrira uma casa pela qual se apaixonara. A partir desse momento, Louis transformou em sua única prioridade encontrar um meio de comprar a casa para ela (orientado para a meta) e dedicou todas as horas em que não estava dormindo a buscar um meio de financiá-la. Por infelicidade, ele se esqueceu de que tinha convidado a mulher para jantar. Quando chegou e passou a hora do encontro, Tina ficou arrasada porque ele tinha se esquecido dela. Do ponto de vista de Louis, ele estava pensando em Tina, e só em Tina, mas isso apagou de sua memória o encontro para jantar que marcara com ela.

Tina se consolou um pouco ao compreender a estrutura do cérebro de Louis. Ele se esqueceu do encontro para jantar porque o seu cérebro teve dificuldades para processar ao mesmo tempo os dois imperativos, a compra da casa e o jantar. O não cumprimento de promessas prejudica a confiança e produz erosão nos relacionamentos. É importante fazer tudo o que for necessário para cumprir compromissos assumidos.

Abraços Verbais

Quando se vê diante da impossibilidade de atender, no plano da ação, a um pedido de sua mulher, o marido ainda pode fazê-lo por meio de braços abertos verbais. Eu sempre uso o exemplo a seguir para demonstrar esta minha afirmação.

> Judy estava numa joalheria admirando um anel de diamantes. Ela disse ao marido, Kurt: "Adorei tanto esse anel... Como eu gostaria que você pudesse comprá-lo para mim." Kurt, por sua vez, respondeu de ma-

neira negativa, dizendo: "O quê? Você está louca?... Você sabe que não podemos comprar esse anel." Essa resposta arrasou Judy, e não porque ele não pudesse ou não fosse comprar o anel, mas porque ele não transmitiu a sensação de que adoraria comprar o anel... se tivesse dinheiro. Se tivesse dito "Eu adoraria comprá-lo para você... ficaria tão bem em você. Lamento muito não ter condições de dá-lo a você agora. Você sabe que assim que eu puder farei isso". Ele estaria transmitindo o desejo de dizer "sim" ao sentimento ou desejo dela, ainda que não pudesse fazê-lo em termos de ação. Dizer "sim" aos desejos de uma mulher é muitas vezes uma coisa mais gratificante do que realizar o desejo.

Ver o Mundo do Ponto de Vista do Parceiro: Identificação Parcial

As técnicas de Esfriamento descritas acima continuarão a ser uma incômoda relação de diretrizes que são facilmente esquecidas se você não desenvolver a Identificação Parcial – isto é, se não reservar um lugar no seu coração e na sua mente para o seu cônjuge. A Identificação Parcial consiste apenas em saber como manter um pé do lado da cerca emocional do seu parceiro. Nenhum relacionamento pode florescer sem isso.

Eu não estou dizendo que você deva se esquecer de quem é, tornando-se um clone do seu parceiro. Isso seria a identificação total. A identificação total às vezes acontece quando duas ou mais pessoas exibem total semelhança em termos de opiniões ou de sentimentos. Esse estado pode se fazer presente durante um concerto ou numa cerimônia religiosa de intensidade incomum. A identificação total nem sempre é uma coisa positiva. Ela ocorreu durante as reuniões políticas organizadas pelos nazistas, nas quais os participantes sentiam tal entusiasmo que sua individualidade desaparecia na excitação comum. Os cônjuges também às vezes podem chegar à identificação total – também chamada fusão. Nesses casos, o caráter de cada um como pessoa distinta desaparece e o casal vive na ilusão de que há entre eles total acordo em termos de idéias, de opiniões e de emoções. Para alguns casais, essa fusão constitui uma experiência permanente. Para outros, é apenas transitória: durante um ato sexual particularmente bom ou num passeio juntos ao luar na beira da praia. Esses momentos privilegiados de fusão são meios eficientes de manutenção e recriação da unidade do casamento. Embora essas ocasiões possam criar a ilusão de total unidade, essa unidade não existe como realidade permanente. Ela se acaba quando a natureza de pessoas distintas e as diferenças entre elas reaparece nas atividades cotidianas. E quando essa ilusão de unidade se desfaz, é comum que o conflito apareça.

Alguns casais passam pela experiência do conflito porque vivem perpetuamente num estado de fusão. A fusão leva a pessoa a ler a mente; e quando isso acontece, os parceiros crêem que sabem o objeto das necessidades, desejos ou sensações do outro, e fracassam invariavelmente na tarefa de reconhecer-se mutuamente como seres distintos. Em conseqüência disso, passam a não dar atenção às reais necessidades um do outro.

O que é desejável no casamento é a união consciente de duas pessoas que, apesar das diferenças, se empenham em combinar essas diferenças por meio da compreensão mútua. Essa unidade de duas pessoas diferentes é a realização que leva os dois cônjuges a sentir que a sua individualidade é reconhecida, respeitada e compreendida. Chega-se a ela por intermédio da Identificação Parcial, que significa que você permanece sendo quem é, fica em contato com as suas próprias necessidades e objetivos, mas cria espaço em seu coração e em sua mente para as necessidades e sentimentos do seu parceiro.

A Identificação Parcial é alcançada com mais facilidade quando as duas pessoas em interação são semelhantes; quando partilham a mesma cultura, as mesmas experiências de vida, os mesmos valores ou os mesmos códigos morais. Os gêmeos podem identificar-se imediatamente um com o outro. A semelhança de sexo também ajuda. Todos conhecemos o companheirismo que existe entre soldados, membros de clube, pais, maridos, etc. Do mesmo modo, as mulheres têm os seus grupos, clubes e reuniões.

É mais difícil a Identificação Parcial com membros do sexo oposto, ainda que tenham muita coisa em comum em termos de cultura, de classe social ou de religião. É por esse motivo que os cônjuges costumam se queixar do sexo oposto. No filme *My Fair Lady*, o professor Higgins exclama: "Por que uma mulher não pode ser mais parecida com um homem?" E as mulheres, enquanto tomam o café, zombam dos maridos obtusos que não percebem os mais simples aspectos da psicologia feminina.

A dificuldade de compreender alguém do sexo oposto costuma ser acompanhada de outras diferenças (origem étnica, religião, cultura, *status* social, gostos, interesses, etc.). Apesar de todas essas diferenças, cônjuges que desejam um casamento feliz têm de se esforçar para se compreender mutuamente; isto é, precisam ter com o outro uma Identificação Parcial.

É interessante o fato de que, quando está envolvida com um livro, com uma peça de teatro ou com um filme, você costuma se identificar ativamente com as personagens, algo que pode ajudá-la a compreender melhor a si mesma e ao seu parceiro. Porém, obviamente, você também precisa descobrir seu cônjuge diretamente para determinar em que vocês são semelhantes e em que diferem. O diálogo cotidiano, a receptividade mútua, a descrição paciente de pontos de vista são necessários para a descoberta dos sentimentos que cada um de vocês sentem num determinado momento.

Esse trabalho de base é necessário e tem de ser feito antes para poder tratar com sucesso qualquer conflito ou tensão. Se você praticar a Identificação Parcial em momentos de calma, essa capacidade estará firmemente incorporada ao seu equipamento psicológico quando você mais precisar dela: nos momentos em que a tensão irrompe. Mas não se engane: por mais que tenha praticado, você vai encontrar grande dificuldade para se identificar parcialmente quando o problema aflorar. Por mais difícil que isso possa ser, quando você se vê confrontada pelo seu cônjuge, você tem de pôr temporariamente entre parênteses as suas idéias, as suas opiniões ou as suas emoções e deixar espaço na mente e no coração para as idéias, opiniões ou emoções do seu cônjuge. Se você tiver sucesso, sua Identificação Parcial vai se expressar em frases como: "Eu sei o que você quer dizer" ou "Sim, posso entender que você sentiu x, y ou z quando eu fiz isto ou quando eu disse aquilo".

Para que esse processo seja bem-sucedido, você tem de resistir à tentação de se defender; do mesmo modo, precisa estar disposta a aceitar a responsabilidade pelo fato de que o seu comportamento ou as suas palavras criaram mal-estar, sofrimento, mágoa ou raiva no parceiro.

Para compreender o que o seu parceiro sente e assumir a responsabilidade pela parte que lhe cabe na criação desse sofrimento, você precisa ser dotada de uma sólida auto-estima.

Para ajudar você a aceitar suas limitações no que se refere ao seu relacionamento, há mais uma condição que tem de ser preenchida. Você precisa se dar conta que é impossível que o seu cônjuge aceite afirmações totalmente negativas nem se identifique com elas. É por isso que as acusações desse tipo, os insultos e as palavras de menosprezo (Ciladas das Brigas) são os inimigos da felicidade conjugal. Por exemplo: "Você fez tudo errado de novo", "Você vai ser sempre um fracassado" (ou "uma fracassada"); "Você nunca demonstra amor nem respeito por mim" são coisas difíceis de aceitar em decorrência do seu caráter global. Esperar que o cônjuge atacado se identifique com essas condenações absolutas equivaleria pedir a ele que cometesse suicídio psicológico. Do mesmo modo, o cônjuge atacado pode ver-se tentado a usar autodepreciações sarcásticas a pretexto de identificar-se com o seu parceiro ("Você está certa; sou um péssimo marido. Compreendi, sou uma besta, totalmente embotado, um f.d.p., etc") Essas respostas sarcásticas dadas ao cônjuge acusador não são sinceras nem expressam nenhuma forma de identificação, pois quem em sã consciência poderia identificar-se com afirmações sobre si mesmo que tenham essa natureza?

Para que o cônjuge confrontado se identifique parcialmente com as afirmações ou os sentimentos do outro, o confronto deve restringir-se a um aspecto específico do comportamento. Por exemplo, uma afirmação como "Quando você usou a palavra x, y ou z, fiquei muito magoada" é um confronto aceitável que permite que o cônjuge – depois de fazer algumas perguntas esclarecedoras – compreenda os sentimentos criados pelo seu comportamento.

Em essência, é responsabilidade do cônjuge que promove o confronto elaborar uma descrição precisa e coerente do problema, assim como apresentá-lo sem emocionalidade. Quando esse cônjuge age assim, aquele que é interpelado terá mais facilidade para desenvolver uma Identificação Parcial com o que lhe é dito.

É preciso, ainda, que você se dê conta de que, no curso de uma discussão bem-sucedida de conflitos, a Identificação Parcial é praticada por ambos os cônjuges. O cônjuge que promove o confronto tem duas tarefas a realizar: ele tem de falar de uma maneira que seja suportável para o companheiro, assim como tem de ser capaz de se identificar parcialmente com as reações do seu parceiro ao confronto. E o cônjuge que é confrontado tem de se identificar parcialmente com os sentimentos que o parceiro apresentar. Logo, como você pode ver, os dois cônjuges têm de ser capazes de se identificar parcialmente um com o outro.

Como você pode aprender a se identificar parcialmente com o seu companheiro? Você e ele devem abrir o coração um para o outro e recorrer aos sentimentos de amor que têm um pelo outro. Não há como acentuar em demasia este ponto: o amor é a chave que abre o coração e permite que vocês se identifiquem parcialmente um com o outro.

Como você pode recorrer a sentimentos de amor quando está com raiva? Uma boa maneira de fazê-lo consiste em lembrar os momentos especiais que vocês passaram juntos, os raros períodos de identificação total de que falei. Você pode se lembrar de uma relação sexual particularmente boa ou preferir se lembrar de uma das qualidades do seu parceiro que você adora de modo especial. Use o que quer que funcione para você.

Exercícios de Identificação Parcial com os Sentimentos do Parceiro

Exercício Um

Além de recorrer aos sentimentos de amor, outra maneira de aprimorar a sua capacidade de Identificação Parcial consiste em trocar temporariamente de papéis. Escolha uma área na qual vocês tenham algum conflito e represente o papel de seu parceiro, e vice-versa. Assegure-se de fazer uma representação verossímil dos papéis. Sinta da maneira como você sabe que o seu parceiro sente; diga qual é a posição do seu parceiro. Se tiver desempenhado bem o seu papel, você vai sentir a partir de agora uma facilidade bem maior de ter empatia pelas emoções de seu parceiro. E se fizer o esforço de trocar mentalmente de papel quando surgirem conflitos no futuro, você estará dando um passo gigantesco rumo à resolução.

Exercício Dois

Em algumas ocasiões é complicado identificar-se parcialmente pois você está tendo dificuldade para compreender o porquê de o seu parceiro sentir da maneira como ele sente. Para contornar esse obstáculo, esqueça a situação que desencadeou os sentimentos dele e se recorde, em vez disso, de uma situação na qual você sentiu o que ele estava sentindo. Tendo esses sentimentos presentes, você poderá compreender com mais facilidade o seu companheiro, mesmo que não consiga se relacionar com o evento específico que desencadeou as emoções dele.

♥ ♥ ♥

Mediante a aplicação das várias técnicas de Esfriamento e de Identificação Parcial acima descritas, você vai impedir a ativação do SNA e os comportamentos de retraimento da parte de seu marido. Como resultado, você terá um marido que permanece ao seu lado para resolver os conflitos com você.

Agora que sabe como esfriar o clima conjugal, você está pronta a passar à segunda parte deste livro, que vai demonstrar de que maneira você pode resolver os seus conflitos. O primeiro capítulo desta seção esboça a capacidade que constitui a pedra fundamental da resolução de conflitos: ouvir.

8

Ouvindo o Grito de Guerra: Como Usar os Ouvidos para Resolver Conflitos

No caminho para a resolução de conflitos, a superauto-estrada é ouvir. A necessidade de ser ouvida nada tem de ociosa; ela tem um profundo efeito de cura para a alma e se configura como a argamassa de um casamento feliz. Isso explica por que as mulheres que se vêem às voltas com problemas conjugais se queixam, na maioria das vezes, do fato de os maridos não serem capazes de ouvir o que elas dizem e de reagir de maneira adequada às suas emoções.

Neste capítulo, apresento os Distúrbios da Escuta, os inimigos da boa escuta que devem ser evitados a todo custo e, ao mesmo tempo, faço o esboço dos Obstáculos à Escuta, que são a causa desses Distúrbios. Também descrevo as cinco capacidades básicas de escuta e mostro-lhe como ensinar o seu marido a ser um bom ouvinte.

Por Que Ouvir é Tão Necessário?

Cada vez que há uma unidade social formada por mais de uma pessoa, é essencial que as partes envolvidas se comuniquem de modo apropriado. E é claro que não pode haver comunicação sem que cada uma delas ouça a outra. Para ter um casamento feliz, os cônjuges precisam adquirir uma capacidade especial de comunicação – a comunicação emocional – e um tipo específico de escuta – a "escuta" das emoções. Embora você tenha de ouvir as emoções do seu marido a fim de evitar a ativação do SNA, talvez seja ainda mais importante que o seu marido aprenda a ouvir as suas. Isso porque a satisfação conjugal tem uma profunda correlação com a capacidade de escuta da esposa por parte *dos maridos*. Sentir-se ouvida e compreendida é tão vital para a satisfação da esposa no casamento que há na realidade um termo técnico para isso: Compreensão Percebida. Em consequência, este capítulo vai se concentrar no tipo de escuta que é mais crucial para a satisfação conjugal: ouvir as emoções um do outro e, de modo particular, ensinar seu marido a ouvir as suas emoções.

Como não foi parte de sua socialização a escuta de mensagens emocionais, seu marido vai precisar fazer a parte do leão neste aprendizado. Ter menos capacidade do que você põe o seu marido numa posição de inferioridade que custa muito para um homem aceitar. Assim, seja sensível aos sentimentos de vulnerabilidade dele e tenha o cuidado de não fazê-lo se sentir objeto de sua condescendência.

Também tenha em mente que você e o seu parceiro podem ficar frustrados pelo tempo necessário para adquirir proficiência nas capacidades de escuta; quando estiverem prestes a desistir, lembrem-se de que a escuta emocional não é algo que se possa aprender da noite para o dia, de modo que vocês não devem pôr um cronômetro na curva de aprendizagem de escuta. Vocês têm de ficar praticando os exercícios contidos neste capítulo para colher os benefícios. Leva tempo a aquisição da capacidade de escuta.

Antes de eu lhe mostrar as várias capacidades de escuta, é preciso que você identifique e elimine os Distúrbios da Escuta que ocorrem quando o ouvinte se desliga sem querer da escuta do cônjuge que se dirige a ele. Esses Distúrbios se enquadram em duas categorias: Distúrbios da Atenção e Distúrbios que Interrompem a Ligação Emocional. Iniciemos pelos Distúrbios da Atenção.

Não Desligue, Eu Ainda Estou Falando

Em Não Desligue, o ouvinte encerra a conversa sem esperar para ter certeza de que o falante disse tudo o que tinha a dizer. Isso faz que este último, emocionalmente, se sinta como se lhe batessem o fone na cara.

> YVONNE: Fiquei muito triste hoje.
> HANK: Com o quê?
> YVONNE: Minha amiga Sara vai se mudar para o Texas no outono.
> HANK: Ela não presta. O que vamos jantar?

No exemplo acima, Hank começou certo mas acabou passando para o "jantar". Muitos ouvintes se esquecem de se assegurar de que o cônjuge terminou de falar antes de "desligar" a conversa. Tudo o que é necessário é um simples "Você já terminou?", ou "Você quer falar mais um pouco sobre isso?" ou "Podemos mudar de assunto?"

Depois Eu Volto a Falar Disso

Em Depois Eu Volto a Falar Disso, o ouvinte interrompe o falante com a intenção de voltar ao assunto. Por infelicidade, o falante não tem como saber se o ouvinte vai retornar, e muito menos se neste século.

> DENISE: Fiquei chateada hoje com o que a sua mãe me disse.
> FRANK: O que ela disse?
> DENISE: Disse que eu devia passar mais tempo em casa com você e as crianças.
> FRANK: Mas ela não tem nada a ver com isso. Isso me fez lembrar que a li-

nha telefônica do meu chefe foi grampeada e gravaram ele combinando um encontro com uma prostituta. Dá para acreditar?
DENISE: E que relação tem isso com o que estamos falando?
FRANK: Eu ia voltar ao assunto, mas o que você me disse me lembrou do meu chefe.

No exemplo acima, Frank mudou o foco da conversa com Denise, deixando-a com a impressão de ser dispensada e de não ser ouvida. Um ouvinte nunca deve mudar o foco da conversa antes de o falante terminar. Se tiver de fazê-lo, ele deve propor isso explicitamente (como se faz ao pedir a alguém ao telefone que espere um pouco), de modo que o falante saiba que o ouvinte vai voltar ao assunto.

Mudar de Assunto

A mudança de Assunto ocorre quando o ouvinte altera de modo abrupto o tópico da discussão.

KATHY: O ônibus atrasou hoje.
NEIL: Meu chefe estava doente.

Embora possa refletir desatenção ou um déficit da capacidade de ouvir, Mudar de Assunto também pode ter o efeito de quebrar o vínculo emocional, o segundo tipo de Distúrbio da Escuta, que vou discutir a seguir.

Você Não Liga Para Mim

Este Distúrbio da Escuta acontece quando o ouvinte dá uma resposta auto-referencial, que não indica ligação com a comunicação de cunho emocional do falante. Por exemplo, a mulher diz ao marido: "Acabei de me lembrar da celebração do nosso aniversário de casamento e me vi inundada por uma onda de amor." Ao que o marido pode responder: "Sim, eu estava muito feliz naquele dia." Essa resposta é uma lembrança emocional, e não uma resposta emocional. O fato de o marido se referir aos seus próprios sentimentos interiores e de não vinculá-los à mulher (ele poderia acrescentar: "Ainda sinto por você o mesmo amor.") faz que a mulher se sinta negligenciada emocionalmente.

Outro exemplo mais sutil de resposta auto-referencial é o seguinte: a mulher diz "Tenho um grande amor por você" e o marido responde "O que *você* acaba de dizer me deixa muito feliz". À primeira vista, a resposta dá a ilusão de uma ligação emocional, dado que o marido fez uma referência explícita à mulher, usando a palavra "você". Mas a frase só aborda a satisfação dele. Como uma criança, o marido fica feliz porque sua "mamãe" o alimentou emocionalmente. Mas em que situação isso deixa a mulher? Extremamente frustrada!

Faltou nessa resposta do marido uma mensagem emocional que fizesse eco à afirmação que a esposa fez sobre os sentimentos dela. Alguma coisa como "Fico feliz e me sinto próximo de *você* quando *você* me diz isso" seria perfeito.

Mudar de Nível Emocional

Mudar de Nível Emocional é uma forma grosseira de não ouvir que ocorre quando o ouvinte afasta a conversa de um conteúdo emocional. Isso acontece com regularidade nos relacionamentos íntimos e leva invariavelmente ao conflito. Analiso os motivos que levam os homens a Mudar de Nível Emocional no subtítulo "Medo da Intimidade", que está na seção dos Obstáculos à Escuta. Por agora, vou me limitar a mostrar a você alguns exemplos de mudança do nível emocional.

No exemplo a seguir, Burt muda de nível emocional com uma fuga repentina.

> ANNE: Sinto-me muito feliz por ter você como marido!
> BURT: Obrigado. Há quantos anos estamos casados? Preciso saber para o seguro.

Além da fuga repentina, a pessoa pode usar táticas mais sutis para evitar uma ligação emocional.

> Jeff e Donna estão se vestindo para sair à noite com amigos. Donna vê de repente o marido pondo a gravata que ele não usava desde a lua-de-mel. "Oh, Jeff", diz ela, "eu me lembro da primeira vez em que você usou essa gravata. Fomos dançar no Lido di Venezia. Ainda posso sentir seus braços ao redor de mim. Só de olhar você usando-a me faz sentir muito amor por você."

Uma maneira sutil de recusar essa ligação emocional seria Jeff fazer um comentário intelectual: "Sim, é uma velha gravata. Com o tipo de padrão usado na década de 80."

Jeff também poderia evitar essa ligação dizendo: "Sim, é uma bela gravata. Você se lembra de onde a comprou?" Nesse caso, há uma aparente ligação – o reconhecimento de que a gravata foi um presente de Donna –, mas trata-se de uma ligação factual, não emocional.

Descartar o Sentimento

Essa situação ocorre quando o ouvinte oferece uma resposta não-emocional a uma afirmação emocional do falante.

> Laura, uma atraente loura de olhos azuis – que estavam da cor dos de um coelho albino, graças ao fato de ter chorado muito – estava desesperada porque nunca conseguia entrar em ligação emocional com o marido. Sempre que ela fazia uma afirmação que envolvesse sentimentos, ele falava do mercado de ações. Ela discutiu a questão com o marido e pensou que ele tivesse compreendido.
>
> "Mas no sábado à noite o problema se repetiu", disse ela. "As crian-

ças tinham ficado com a babá e estávamos no nosso restaurante favorito, o Chez Marcel. Era um ambiente muito romântico, à luz de velas, com música suave... Posso dizer que havia muitas mulheres olhando para David. Ele estava muito atraente. Eu sorri e lhe disse: 'Você está tão bonito hoje! Está me deixando excitada.' E ele fez o que sempre faz. Começou a falar do escritório e meu coração ficou gelado. Eu queria me esconder num canto e morrer."

Quando Laura interpelou David, ele respondeu: "Eu ia mesmo lhe dizer que hoje um cliente viu a sua foto no escritório e disse que você é muito bonita."

Como você pode ver, o coração de David estava no lugar certo, mas as suas palavras estavam na ordem errada. Ele descartou uma afirmação sentimental que o teria feito entrar em ligação com Laura.

Pressa para Apresentar Soluções

Oferecer soluções práticas é outra maneira de não levar em consideração as mensagens emocionais da esposa. Quando se apressa a apresentar soluções, o marido pretende transmitir à mulher que compreende o problema dela; infelizmente, ele consegue o contrário, e a mulher se sente emocionalmente desprezada. Para a mulher se sentir ouvida, o marido tem de transmitir verbalmente a mensagem de que compreende os sentimentos dela e ficar nisso. Veja a seção Obstáculos Masculinos à Escuta, no subtítulo "Querer Fazer Estraga Tudo", para compreender a causa desse Distúrbio.

Anime-se!

Quando o marido diz "Anime-se!" à mulher contrariada, ela fica arrasada e irritada. Essa reação raivosa deixa o marido completamente desnorteado. (Por que ela ficou tão louca da vida? Estou tentando consolá-la.) Se o seu marido diz "Anime-se!", é preciso que você lhe diga que, se ele quiser que você de fato se anime, ele tem de atravessar a tempestade com você – isto é, aceitar seus sentimentos e permanecer com você no mesmo nível emocional pelo tempo que você precisar.

O Que Provoca os Distúrbios da Escuta?

Agora que você conhece os vários tipos de Distúrbios da Escuta, é preciso compreendê-los e atacar as suas causas.

Os Distúrbios da Atenção, que ocorrem sempre que o ouvinte está preocupado, podem dever-se a três fatores diferentes: déficit em termos de capacidade; preocupação muito forte; e/ou medo de se afirmar.

Quando se devem a déficits de capacidades, os Distúrbios da Escuta são facilmente remediados mediante a atitude de tomar consciência do distúrbio e de praticar para dar uma resposta melhor.

Se a preocupação muito forte estiver causando os Distúrbios da Escuta, você e o seu parceiro vão precisar tomar mais consciência dos seus estados interiores, de modo que possam dizer diretamente um ao outro quando não estão em condições de ouvir, em lugar de ouvir pela metade. E, mais do que isso, você pode se proteger da possibilidade de ser vítima desse tipo de distúrbio se se assegurar de que o seu parceiro está disponível para ouvi-la antes de iniciar uma discussão emocional.

A terceira causa dos Distúrbios da Atenção é aquilo que eu chamo de Síndrome do Cidadão Desautorizado. Nesses casos, o ouvinte tem medo de se afirmar e dizer à mulher que não está disponível para discussão; assim, ele finge ouvir, dizendo: "Hum, hum, sim...", enquanto continua a seguir a sua própria linha de pensamento. E, nisso, ele comete alguns dos Distúrbios da Escuta ou mesmo todos. Antes de poder ser um bom ouvinte, a pessoa deve primeiro dar a si mesma o direito de adiar uma discussão de maneira polida quando não está cem por cento disponível para ouvir.

Os Distúrbios da Atenção em geral não são o resultado de Obstáculos à Escuta profundamente arraigados. Não obstante, o segundo tipo de Distúrbio da Escuta – a recusa ou evitação do vínculo emocional – pode ser causado por vários tipos de obstáculos, que vou analisar com detalhes a seguir. Tenha em mente que alguns Obstáculos à Escuta são peculiares aos homens, outros às mulheres, sendo alguns partilhados por ambos os sexos. Vou iniciar minha análise tratando dos Obstáculos à Escuta que são comuns a ambos os sexos.

Obstáculos à Escuta

Mal-estar em Relação aos Próprios Sentimentos

Se a pessoa é incapaz de tolerar os sentimentos intensos que são induzidos pela mensagem do falante, ser-lhe-á impossível ouvir e responder de maneira adequada.

Os três obstáculos a seguir – Autocontrole Deficiente, Aplicar Leis da Moralidade aos Sentimentos e Aplicar Leis da Lógica aos Sentimentos – advêm, todos eles, do desconforto provocado pela discussão de sentimentos intensos. Esses obstáculos refletem uma tentativa inconsciente de enfraquecer sentimentos intoleráveis.

Autocontrole Deficiente

Como ouvir faz aflorar automaticamente sentimentos naquele que ouve, quando a pessoa acha que todos os sentimentos precisam levar a alguma ação, a única maneira que ela tem de se proteger contra a perda de controle consiste em evitar os sentimentos, bem como o ato de ouvir que os provoca. Os impulsos sexuais e agressivos são particularmente ameaçadores por causa das conseqüências que produziriam caso viessem a ser transformados em atos. É por esse motivo que chamo esses dois impulsos de Duo Dinâmico.

Theresa entrou no meu consultório escondendo o rosto de vergonha. Ela me disse que nunca poderia me contar o que estava sentindo porque, se o fizesse, eu não gostaria mais dela. Escrevi num pedaço de papel todos os sentimentos "horríveis" que pude imaginar e lhe pedi que fizesse um círculo ao redor de todos aqueles que se aplicassem ao seu caso. Que grande surpresa: o sexo e a raiva traziam um círculo ao redor!

Por que Theresa não pôde admitir abertamente os seus sentimentos? Porque ela tem medo de que o seu comportamento não esteja sob o seu pleno controle. Se sentir vontade de dar uma machadada no marido ou de ir para a cama com o carteiro, ela vai ser obrigada a transformar o sentimento em ação, não é verdade? Não. Você pode pensar e sentir o que quiser, desde que saiba que tem condições de distinguir pensamentos e sentimentos de ações. Uma vez que você tenha feito essa distinção de modo inequívoco, os sentimentos terão perdido todo o seu poder. Sem a remoção desse obstáculo, será impossível alguém ouvir os sentimentos de outra pessoa.

Aplicação das Leis da Moralidade aos Sentimentos

Quando sente que é moralmente errado alimentar sentimentos negativos, a pessoa acusa a si mesma ou ao outro sempre que afloram sentimentos inaceitáveis. A pessoa que se vê afetada por esse problema de modo geral afirma: "Eu (você) não devo (não deve) me (se) sentir desse jeito" ou "Eu (você) não tenho (não tem) o direito de me (de se) sentir assim."

A condenação dos sentimentos torna difícil para qualquer dos parceiros a permanência no nível emocional do outro e, nesse caso, a escuta vai para o espaço.

Conceitos como "certo" ou "errado" não têm lugar no plano das emoções. Não podemos subjugar os sentimentos por intermédio de pregações morais.

Aplicação das Leis da Lógica aos Sentimentos

Muitas pessoas tentam afastar os próprios sentimentos por meio da razão ("Não faz sentido que eu me sinta como estou me sentindo", etc.). Como os sentimentos têm a mesma irracionalidade do vento, a aplicação de leis da lógica ao reino emocional é um exercício de futilidade. Imagine-se dizendo ao vento: "Seria melhor que você soprasse para o outro lado!" Para serem bons ouvintes, os dois parceiros têm de ser capazes de aceitar todos os sentimentos de um e do outro.

Incapacidade de se Identificar com o Parceiro

Outro Obstáculo à Escuta acontece quando o seu parceiro vê que é impossível compreender como e por que você sente da maneira que sente. Nas ocasiões em que isso acontece, o seu parceiro está tendo problemas para se identificar com você. E, nesse caso, a tendência dele será afastar-se emocionalmente ou fazer afirmações como: "Não compreendo por que você está tão zangada." Obviamente, observações como essa fazem o falante saber, alto e claro, que seu parceiro não tem condições de ouvi-lo.

Se a incapacidade de se identificar com o outro for o seu problema ou o problema do seu companheiro, volte aos exercícios de Identificação Parcial, que foram descritos detalhadamente no capítulo anterior.

Medo da Intimidade

Como o processo de escuta cria um vínculo próximo, se a pessoa tiver verdadeiro terror de estar próxima demais do outro, sua tendência será a de sair da sintonia quando lhe transmitirem mensagens emocionalmente carregadas. O medo da intimidade de modo geral oculta o temor da dependência, do abandono, bem como o de ser engolfado (auto-aniquilação), etc. Veja o Capítulo 5, que trata das Velhas Cicatrizes, para descobrir de que maneira se pode curar estas últimas. Enquanto essas Velhas Cicatrizes não forem resolvidas, os Obstáculos à Escuta vão ter continuidade.

Obstáculos Masculinos à Escuta

Sentir-se Responsável

Como eu já disse, uma vez que os homens se sentem responsáveis pelo bem-estar da esposa, quando a mulher fica contrariada, o marido tende a se sentir culpado. Para aplacar a sua culpa, ele vai tentar resolver o problema usando a estratégia de conversar com ela para livrá-la dos sentimentos dolorosos dela (o Distúrbio da Escuta "Anime-se!"). Quando o marido está empenhado nessa operação, ele pára automaticamente de ouvir.

Querer Fazer Estraga Tudo

Como a socialização dos homens os prepara para serem "consertadores", em vez de "sentidores", eles têm dificuldade para cozinhar o guisado emocional com as mulheres. Para eles, toda conversa a respeito de sentimentos é uma perda de tempo e de energia – traduzindo: esta conversa precisa acabar o mais rápido possível. Em consequência, os maridos tiram suas caixas de ferramentas psíquicas do armário e tentam resolver os problemas das mulheres com os únicos instrumentos de que dispõem: a racionalização, a intelectualização e, na maioria das vezes, a capacidade de resolução de problemas. Esses maridos fazem para as esposas exatamente aquilo que foram treinados a fazer para si mesmos – desviar a rota dos sentimentos para o campo intelectual e prático, onde eles podem ser extintos por soluções. Esse desvio de rota, naturalmente, deixa-os a quilômetros de distância da escuta.

Você pode fazer que as tendências práticas/lógicas do seu marido sejam uma vantagem para você e para o casamento de vocês ensinando-lhe metodicamente as várias tarefas e capacidades que estão associadas à escuta eficaz. Dessa maneira, o lado produtivo dele será satisfeito.

Em Defesa da Macheza

Muitos homens ficam aterrorizados diante da possibilidade de baixar sua guarda de machos, temendo que sua masculinidade se perca. (Eles sentem que seu aparato sexual pode encolher e cair se não agirem como "verdadeiros homens" a cada minuto.) "Ter uma conversa com" uma mulher que se sente contrariada força o homem a enfrentar os seus próprios sentimentos de vulnerabilidade. Para ajudar um marido com a Fobia do Maricas a contornar esse obstáculo, lembre-lhe que "é preciso ser muito macho para ser um ouvinte... delicado".

Obstáculos Femininos à Escuta

Medo

Quando seu marido finalmente está disposto a adquirir capacidades de escuta, você talvez descubra em si mesma disposições mentais que impeçam que haja qualquer progresso. No Capítulo 2, expliquei que muitos temores nos impedem de seguir em frente. Ninguém está lhe dizendo que desista do seu medo, mas seria melhor avançar em termos de ação (ouvir o seu marido), apesar desse sentimento.

Raiva

Se há muito tempo você vem sentindo que não é ouvida, você pode se negar a ouvir o seu parceiro. ("Ele nunca me ouviu; por que eu deveria ouvi-lo?") Agir com base nesse sentimento é uma compensação emocional – uma Cilada das Brigas – de que você precisa se desvencilhar.

Para abrandar o seu ressentimento, lembre-se do motivo de o seu marido não a estar ouvindo: ele se acha num estado de ativação crônica do SNA. Isso deve ajudá-la a acabar com o seu amargor e a começar a ouvi-lo. Quando o ouvir, você também será ouvida e sua raiva logo diminuirá.

Tenha em mente também que manter-se presa à sua raiva interferirá na capacidade de escuta do seu marido. Quando está dominada pela ira, você corre o risco de se comunicar de maneira imprópria. Para ser ouvida, você tem de ter certeza de comunicar uma mensagem que seja "escutável". Isso significa que você não deve fazer comunicações verbais que tenham a forma de ataques ou de críticas. Se você agir assim, a ativação do SNA e as reações de retraimento serão desencadeadas no seu parceiro, e são estas mesmas reações que interferem na capacidade de escuta dele.

Quando falo de uma mensagem escutável, refiro-me a algo mais do que o conteúdo verbal patente. Estudos recentes demonstraram que o comportamento não-verbal também pode desencadear a ativação do SNA e os comportamentos de retraimento em maridos cujas relações conjugais estejam perturbadas. Entre os comportamentos não-verbais estão a linguagem do corpo (expressões faciais e corporais), gestos e tons de voz. Não se esqueça de que uma cara feia ou um tom de voz áspero ou queixoso é tudo o que se precisa para fazer disparar a espiral química descendente que leva, em última análise, ao retraimento do marido. Desse modo, é de sua inteira responsabilidade falar ou não, e comportar-se ou não, de uma maneira que faça o seu parceiro querer tapar os ouvidos.

Eu Não Vou Elogiá-lo

Como eu já disse, se quiser que o seu marido aprenda a ouvi-la, você precisa elogiar os esforços dele. Muitas mulheres recebem essa sugestão com o entusiasmo reservado a uma limpeza dos dentes. Elas costumam me dizer: "Mas ele já deveria saber ouvir desde sempre." E onde você esperava que ele fosse assimilar capacidades de escuta? Na escola? Com o pai dele?

Por que será que as mulheres elogiam espontaneamente as amigas mas relutam em elogiar os esforços de aprendizagem dos maridos? São vários os motivos disso. O primeiro deles é o ressentimento crônico. Quando você está irritada, não vão sair naturalmente da sua boca palavras elogiosas. Mas existe uma razão mais profunda para essa relutância; ela vem da crença de que todo marido tem de saber aquilo de que a mulher precisa sem que ela tenha de lhe dizer o que quer, para não falar em elogiá-lo. Para explicar de onde vem essa expectativa, precisamos compreender o estágio pré-verbal da infância. Como não pode falar, a criança precisa de um genitor capaz de sentir todas as suas necessidades. Se esse genitor tiver sucesso em adivinhar adequadamente, tudo bem. Se o genitor fracassar, o que costuma acontecer, a criança fica com um anseio de punição. Pulemos para vinte anos depois: nós nos casamos e a nossa mente inconsciente vê uma segunda oportunidade de receber as dádivas emocionais que não tivemos sorte suficiente de receber quando crianças. Isso explica por que, quando a mulher está furiosa com o fato de o marido não saber magicamente aquilo de que ela precisa, o que ela diz de fato é: "A minha mãe deveria ter adivinhado aquilo de que eu precisava, e você tem a obrigação de compensar as minhas perdas anteriores."

Deus sabe como é difícil uma mãe biológica adivinhar corretamente todas as vezes. Como podemos esperar que um marido, um homem que nunca foi treinado para estar em sintonia emocional, consiga adivinhar? Mas é isso o que muitas mulheres esperam; e quando o marido não adivinha, adivinha errado ou sequer se dá conta de que há alguma coisa a adivinhar, elas ficam furiosas. Logo, quando se recusa a elogiar o parceiro, a mulher na realidade está pensando: "Como ele não me deu o que eu quero, ao diabo com elogiá-lo!") Eis uma bela maneira de dar um tiro no seu próprio pé emocional.

Para superar esse impasse, você tem de lembrar a si mesma que o seu parceiro não é um leitor de mentes. E, mais do que isso, de que os seres humanos não adquirem novos comportamentos se lhes for negado o elogio. Quando você elogia os esforços do seu parceiro, ele ficará motivado a se dedicar ao árduo trabalho necessário para aprender as capacidades de escuta que são tão caras a você. Desse modo, ao elogiá-lo, na realidade você estará fazendo um favor a si mesma.

♥ ♥ ♥

Agora que identificou os Distúrbios da Escuta que se aplicam ao seu caso e está trabalhando no sentido de contornar os obstáculos que os provocam, você está pronta para aprender a ouvir.

Ouvir: Definição

No momento em que embarcamos neste nosso curso de combate a acidentes de escuta emocional, a primeira coisa que você precisa saber é que ouvir se configura como um processo ativo que exige a realização de duas tarefas distintas: (1) *deixar claro* que as afirmações do falante foram percebidas com precisão; e (2) *mostrar verbalmente* ao falante que a mensagem transmitida foi ouvida e compreendida.

Acentuo a palavra *mostrar* porque é comum que um marido reflita em silêncio sobre as mensagens da esposa, mas não dê nenhuma resposta a ela. Do ponto de vista de uma mulher, nesse caso ela poderia muito bem estar falando com uma toupeira. Na verdade, muitos maridos, se lhes for pedido, provavelmente relatariam com precisão a essência das mensagens da mulher (presumindo que não se encontrem num estado de paralisação do conhecimento). Mas a mulher só sabe que o marido "pegou" quando ele lhe disser que o fez. Não é possível acentuar suficientemente que a escuta eficaz é, na realidade, a resposta eficaz.

Capacidades de Escuta Traduzidas para a Linguagem do Homem

Como os homens ficam mais à vontade nos planos lógico e prático, sua propensão para adquirir capacidades de escuta aumenta quando lhes são apresentados passos orientados para tarefas. Quase todo marido ou namorado que seguiu o meu programa aprendeu a ouvir e a responder às mensagens emocionais de sua mulher ou namorada. Como me disse Karl, "Eu sempre amei Gina, mas agora disponho das ferramentas para ouvir e ela finalmente percebe o quanto eu a amo".

Cale-se e Simplesmente Ouça

Para você ensinar ao seu parceiro como ouvir os seus sentimentos, ele tem de assimilar a idéia de que precisa calar-se se vai abrir a boca para oferecer conselhos ou soluções que não lhe sejam solicitados. Dessa maneira, diga-lhe, em termos concretos, exatamente o que você precisa que ele lhe dê. Quando digo "seja concreta", quero dizer: fale precisamente aquilo que você espera dele. Lembre-se de que só os médiuns lêem a mente; por isso, se precisar que o seu parceiro a ouça e encontre soluções, você precisa lhe dizer.

Dottie, como muitas mulheres, supunha que o marido sabia que ela precisava simplesmente que ele a ouvisse quando ela estava contrariada. Desse modo, quando Russell lhe deu conselhos em vez de ouvi-la, ela percebeu que ele estava sendo simplesmente um safado que não se interessava por ela (lembre-se de que a nossa mente pode ser o nosso pior inimigo). Por acreditar nisso, Dottie pôs a si e ao marido em estado de guerra. Sempre que o marido vinha com algum conselho, ela empunhava suas armas de destruição. E, o que nada tem de surpreendente, quando ela começava a atirar, ele não tinha a mínima idéia do motivo por que ela fazia isso. Quando Dottie finalmente teve condições de dizer a Russell, em termos concretos, que ele deveria dispensar o conselho e simplesmente ouvir, ele começou a perceber as coisas.

Com base na minha pesquisa, que levou em consideração todos os tipos de casais, a frase a seguir transmite de maneira eficaz o pedido de que ele "se cale": "Eu sei que você pretende ser útil dando conselhos, mas o que de fato me ajudaria é que você simplesmente ouvisse e compreendesse o que eu estou sentindo."

Como Tornar-se um Bom Ouvinte: Cinco Capacidades Básicas

Há cinco capacidades básicas que cônjuges que são ouvintes bem-sucedidos usam em combinação. São elas: Repercutir; Dizer em Outras Palavras; Pedir Mais Informações; Perguntar para Esclarecer; e Permanecer no Mesmo Nível Emocional.

Repercutir não é senão repetir *exatamente* aquilo que a outra pessoa disse. Essa técnica mostra que a pessoa está ouvindo.

Dizer em Outras Palavras é uma forma de Repercutir em que a mensagem do falante é *ligeiramente reformulada*.

Pedir Mais Informações é uma técnica por meio da qual o ouvinte extrai informações adicionais.

Perguntar para Esclarecer assegura que o ouvinte compreendeu inteiramente o falante. Esse processo de feitura de perguntas serve a dois propósitos: esclarece qualquer confusão que possa existir e mostra que o ouvinte está ouvindo de maneira ativa.

Permanecer no Mesmo Nível Emocional ajuda o falante a se sentir psicologicamente apoiado, ouvido e compreendido.

Comecemos por Repercutir.

Repercussão
Exercício

Escolha um dado assunto que a esteja incomodando, mas assegure-se de evitar questões conjugais mais candentes. Não queremos que emoções fortes interfiram no aprendizado da técnica. Agora, discuta *friamente* um sentimento que foi despertado em você como resultado da questão conflituosa que a atingiu. A tarefa do seu parceiro consiste em oferecer uma imagem exata do sentimento que você apresentou. Quando essa Repercussão estiver correta, diga "sim". Se não for esse o caso, tente outra vez até que o seu marido consiga. Em seguida, passe ao próximo sentimento. Uma boa idéia é que o ouvinte que está Repercutindo use um tom de voz que indique uma pergunta. Assim, ele deixa um espaço para que você, o falante, esclareça as coisas caso ele as tenha compreendido mal. Use o diálogo a seguir, entre Amy e Ken, como exemplo da prática do Repercutir.

AMY: Não posso acreditar que o meu chefe não tenha me cumprimentado hoje.
KEN: Você não pode acreditar no fato de ele não a ter cumprimentado?
AMY: É. E fiquei bastante magoada.
KEN: Você ficou bastante magoada?
AMY: Sim, e até fiquei um pouco nervosa ao pensar que o meu emprego possa estar por um fio.
KEN: Você está aflita porque o seu emprego pode estar por um fio?
AMY: É.

Você entendeu a idéia. Este exercício procura familiarizá-la com uma técnica que os bons ouvintes usam automaticamente. O ato de repetir as palavras da pessoa sempre cria a sensação de que ela de fato está sendo ouvida.

Dizer em Outras Palavras

No exercício a seguir, o Repercutir é elaborado por meio da técnica de Dizer em Outras Palavras. Dizer em Outras Palavras é um excelente recurso, pois o falante sabe que o ouvinte está fazendo uma tentativa de compreender em vez de simplesmente imitar, que, usado em demasia, leva o falante a ter a impressão de que está conversando com um papagaio.

Exercício

AMY: Não posso acreditar que o meu chefe não tenha me cumprimentado hoje.
KEN: Isso foi uma surpresa, não é?
AMY: É. E fiquei bastante magoada.
KEN: Você ficou, além de surpresa, magoada?
AMY: Sim, e até fiquei um pouco nervosa ao pensar que o meu emprego possa estar por um fio.
KEN: Quer dizer que você ficou ao mesmo tempo surpresa, magoada e nervosa?
AMY: É.

Pedir Mais Informações

Pedir Mais Informações serve para o esclarecimento da questão e revela que a outra pessoa está fazendo um esforço diligente no sentido de compreender. Esta técnica se completa por meio da combinação da linguagem corporal (sobrancelhas erguidas, olhos abertos e meneios de cabeça) com palavras como "E depois?" ou "E o que aconteceu em seguida?". A passagem a seguir mostra como esta técnica funciona. A melhor maneira de ensinar esta técnica ao seu parceiro é demonstrá-la para ele.

> LIZ: Sabe que a minha irmã foi bem ruim hoje?
> GENE: O que ela fez desta vez?
> LIZ: Foi na verdade o tom de voz. Ela estava muito arrogante.
> GENE: (inclinando-se na direção dela e abrindo os olhos): O que ela disse?
> LIZ: Disse-me que, como estou há algum tempo sem trabalhar, não posso compreender a competitividade do escritório onde ela trabalha.
> GENE: E você o que falou?
> LIZ: Eu disse a ela que me sentia ofendida...
> GENE: E o que aconteceu depois?

Eu acho que você pode perceber a grande eficácia desta técnica no sentido de transmitir que o ouvinte tem interesse por todos os detalhes daquilo que o parceiro lhe conta.

Perguntar para Esclarecer

Os pesquisadores do relacionamento conjugal descobriram que os casais felizes vivem em harmonia porque o marido é dotado de excelentes qualidades de decodificação – quer dizer, é capaz de interpretar com precisão tudo o que a esposa diz. Porém não se engane: os bons ouvintes não são médiuns desde criancinhas. Na realidade, esses maridos provavelmente sabem tão pouco quanto os maridos de casais infelizes quando se trata de compreender o que significa o que as mulheres deles querem dizer quando falam. Se é assim, como o marido de um casamento feliz consegue interpretar adequadamente a mulher? Isso acontece por meio de um processo de feitura de perguntas. Desenvolver essa capacidade requer prática, mas bem vale a pena fazer o esforço de aprender essa capacidade básica de escuta. O diálogo a seguir mostra como se desenrola a técnica de Perguntar para Esclarecer.

> PAULINE: Sabe, eu não posso acreditar que você tenha tido de se atrasar tantas vezes para o jantar esta semana!
> TIM: Você está dizendo que está irritada comigo por isso?
> PAULINE: Bem, estou irritada, mas não creio que seja com você.
> TIM: Bem, com quem então você está irritada?
> PAULINE: Esse seu emprego está me incomodando.

TIM: Mas é dele que vem a comida!
PAULINE: Acho que você está se sentindo atacado por mim.
TIM: É verdade. Eu estava começando a me esquentar.
PAULINE: Deixe-me recomeçar. Eu não estou dizendo que você não está sustentando a casa. Apenas fico incomodada porque o seu chefe faz você trabalhar até tarde tantas vezes.
TIM: Então você está zangada com o meu chefe?
PAULINE: Estou. E queria que você simplesmente compreendesse que eu realmente sinto falta de você.
TIM: Então você sente falta de mim?
PAULINE: É. Principalmente isso. E espero que o seu chefe contrate logo o assistente que prometeu.
TIM: Você sabe que eu também sinto falta de você. Mais alguma coisa?
PAULINE: Venha para casa mais cedo assim que puder!
TIM: Você sabe que o farei. E compreendo como é difícil para você e para as crianças esta situação.

Perguntar para Esclarecer – as Cinco Perguntas

Para desenvolver a capacidade de Perguntar para Esclarecer, faça uma afirmação relativa aos sentimentos e peça ao seu parceiro que lhe faça cinco perguntas destinadas a esclarecer o assunto. Por exemplo:

Afirmação inicial: Fiquei bastante irritada hoje.
Pergunta nº 1: Eu fiz alguma coisa errada? (Perguntar em vez de se apressar a concluir.)
Afirmação esclarecedora: De jeito nenhum!
Pergunta nº 2: Se não fui eu, quem então a irritou?
Afirmação esclarecedora: Eu na verdade preciso de alguns minutos para me acalmar.
Pergunta nº 3: Você está me pedindo para deixá-la sozinha? (Não concluir apressadamente. Verificar antes de agir a partir de uma interpretação potencialmente errada.)
Afirmação esclarecedora: Não, não vá. Talvez você possa me dar um abraço e me consolar.
Pergunta nº 4: Está bem. Quando você diz "e me consolar"... há alguma coisa além do abraço que a consolasse?
Afirmação esclarecedora: Sim, uma massagem seria ótima depois de um abraço.
Pergunta nº 5: Só uma massagem e um abraço?
Afirmação esclarecedora: Isso seria ótimo.

Se o marido do exemplo acima não tivesse feito as cinco perguntas esclarecedoras, seria fácil para ele interpretar erroneamente a mensagem da mulher. E, o que é pior, as interpretações errôneas de modo geral levam ao desastre, porque muitos maridos agem com base em falsos pressupostos. Não posso acentuar o bastante a importância que tem, para salvar o casamento, a aprendizagem do processo de Perguntar para Esclarecer junto com as técnicas das Cinco Perguntas.

Voltar Até Que o Consenso Seja Alcançado
Se se fizesse um diagrama do processo de Perguntar para Esclarecer, teríamos grandes setas que indicam retorno, assim como retornos dentro dos retornos. Esses retornos indicam perguntas, esclarecimentos, retomadas de perguntas e mais pedidos de esclarecimentos. Esse processo continua até que o "consenso perceptivo" ou uma convergência de entendimento seja alcançado. Eis um exemplo de retorno:

– Estou bem cansada destas férias com a família.
– Você está dizendo que não quer mais passar férias com a minha família?
– Eu não iria tão longe. Seria ótimo se não tirássemos férias com a sua família todos os verões.
– Quer dizer, você não quer tirar férias com eles todo verão?
– Isso. Talvez fosse melhor um verão sim, um verão não.
– Então parece que um verão sim, um verão não seria bom para você. Mas eu estava pensando... como você disse "talvez", você não tem total certeza?
– É verdade. Não tenho certeza. Se você não se incomodar, poderíamos deixar a questão em suspenso e falar sobre ela quando o verão estiver próximo?
– Está bem. No verão discutiremos.

Permanecer no Mesmo Nível Emocional

Permanecer no Mesmo Nível Emocional é uma capacidade de escuta que constitui o oposto polar do Distúrbio da Escuta chamado Mudar de Nível Emocional. Permanecer no Mesmo Nível Emocional significa que, enquanto durar o seu processo de escuta, conscientemente você se torna irmã siamesa do seu parceiro. Na qualidade de gêmea siamesa, você não tenta puxar para a direita nem para a esquerda; fazê-lo criaria um dano psicológico semelhante ao rompimento que ocorreria se se tentasse separar os gêmeos siameses. Permanecer no Mesmo Nível Emocional é uma forma de Identificação Parcial.

A melhor maneira de ensinar o seu cônjuge a permanecer no seu nível emocional é adverti-lo, antes de começar a falar, de que a mensagem que você está prestes a transmitir é de natureza emocional. Quando você alerta o seu cônjuge antes de a discussão se iniciar, você vai ajudar a combater a tendência natural que ele tem de afastar a conversa dos sentimentos e encaminhá-la para soluções. É preferível deixá-lo já com a atitude mental certa antes de a conversação começar do que esperar até que ele fracasse. Reprovar o fracasso do seu companheiro em permanecer no nível emocional em que você está é a melhor maneira de desencadear a ativação do SNA, a qual torna impossível que ele a ouça seja de que forma for.

Dez Minutos Diários para Ouvir e Falar Evitam a Necessidade do Conselheiro Familiar

Agora que você e o seu marido conhecem as capacidades básicas de escuta, o que vem a seguir? Comecemos com dez minutos por dia de Tempo de Face a Face, técnica na qual vocês reservam esse tempo para ouvir um ao outro. No início, você é o único falante e o seu marido é o ouvinte. Digo isso porque é pedir demais a um homem que aprenda a ouvir a mulher e ao mesmo tempo revelar os próprios sentimentos. Depois de o seu marido ter dominado com sucesso a capacidade de ouvir os seus sentimentos, você pode incluir outros dez minutos para que ele discuta, se quiser, os sentimentos dele. Mas não se surpreenda se ele não estiver louco para revelar sentimentos sobre questões que o estejam incomodando. A maioria dos homens prefere concentrar-se em soluções que eles mesmos concebem. Assim, pode ser que o seu marido queira passar os seus dez minutos explicando como resolver um problema.

Antes de iniciar os seus dez minutos de Face a Face, lembre o seu marido de que ele deve ouvir em vez de dar conselhos ou tentar afastar você de seus sentimentos por meio da conversa.

Comece aos Poucos

Não comece discutindo os tópicos que se referem ao comportamento do seu marido com relação a você. Esses assuntos são demasiado candentes, e até aprender a tratar adequadamente desses temas delicados (que analiso nos capítulos a seguir), você tem de praticar num território mais neutro. Seu parceiro terá muito mais facilidade para ouvi-la se não se sentir pessoalmente responsável por ter provocado maus sentimentos em você. Em conseqüência, no começo discuta uma questão que não tenha nenhuma relação com ele. Quando ele puder ouvir os seus sentimentos sobre um assunto neutro e já tiver obtido algum sucesso em termos de escuta, você poderá passar a águas conjugais mais profundas. Exemplos de assuntos com que começar: alguém que a incomodou no trabalho, no trânsito, no banco – sua melhor amiga, seu chefe, sua mãe, seu pai, seu irmão, sua irmã. Repito: fique bem longe de conversas que envolvam o seu companheiro e/ou o casamento.

Momento e Lugar

Estabeleça um momento e um lugar para o seu Tempo de Face-a-Face. A única desculpa capaz de justificar a falta a esse "encontro" é a morte de um de vocês! Lembre-se também de não ter essa discussão no quarto de dormir. Eu não quero que você associe conversas pesadas ao quarto de dormir. Respiração pesada sim, conversas pesadas não.

Arremates

Depois que tiver completado a sua discussão e o seu companheiro tiver tido sucesso em ouvi-la, cumule-o de elogios. Lembre-se de que é parte da natureza humana o desejo de repetir experiências prazerosas. Se o seu parceiro tiver dos momentos em que vocês conversaram uma lembrança positiva e a certeza de que teve sucesso, ele estará pronto a enfrentar o próximo desafio em termos de escuta.

E não perca muito o estímulo se, durante a discussão, você tiver de lembrar ao seu parceiro que ele deve se abster de dar conselhos; no começo, esses lembretes são normais. Seja como for, o seu cônjuge merece elogios por ter permanecido ali e por ter tentado escutar.

Dez Minutos Diários para Ouvir e Falar
Evitam a Necessidade do Conselheiro Familiar – Parte 2

Depois que o seu marido tiver conseguido ouvir e ficar tranqüilo durante vários períodos de dez minutos, você estará pronta para discutir uma questão conjugal que a esteja perturbando. Como eu não quero que emoções fortes perturbem o trabalho, faça o favor de deixar os assuntos conjugais mais difíceis para mais tarde, depois de você ter dominado as técnicas contidas nos últimos capítulos. Evite sobretudo questões próximas do ego do seu companheiro, tal como desempenho sexual ou qualquer outra coisa que você saiba que é um tópico sensível.

Na verdade, sugiro que, enquanto estiverem aprendendo as capacidades de escuta, vocês discutam um problema fictício. Se você e o seu parceiro forem realistas radicais e só discutirem questões reais, assegure-se de apresentar questões neutras (por exemplo, comportamentos que a estejam perturbando mas que possam ser remediados facilmente). Só você pode dizer o que se enquadra na categoria de questão relativamente neutra para vocês dois.

As capacidades de escuta que estudamos neste capítulo são o alicerce da comunicação conjugal bem-sucedida. Quando praticar suas capacidades de escuta, será útil que você conceitue essas capacidades como notas de uma escala musical. Mediante a combinação engenhosa das várias notas, você também poderá compor a harmonia conjugal.

Embora eu tenha me concentrado neste capítulo a ajudar os maridos na aquisição de capacidades de escuta, você precisa também aprimorar as suas. Quando estiver lendo os capítulos a seguir, você verá que capacidades de escuta são necessárias a cada fase da resolução de conflitos. Se você não ouvir o seu marido, as suas discussões perderão o rumo bem antes de você ver uma resolução. Só a escuta atenta vai capacitá-la a reconhecer o momento em que uma discussão está perdendo o rumo, levar essa discussão de volta aos trilhos e dar-lhe andamento até a resolução.

Período de Licença: Saber Quando Não Negociar

Antes de aprender a negociar, você precisa saber que, em muitos casos, a negociação não é necessária e até pode ser desaconselhável. Sei que você talvez pense que eu estou complicando as coisas. Mas, no final, estarei na verdade poupando-a de muitas dores de cabeça conjugais.

Muitos manuais de casamento e muitas terapeutas conjugais se apressam a aconselhar os casais problemáticos a negociar, por ser a negociação um processo estruturado que produz resultados observáveis (quando é bem-sucedida). Mas há outra razão pela qual as pessoas estão prontas a negociar: a negociação as ajuda a evitar os sentimentos.

Todos sabemos como as emoções podem ser desagradáveis, parecendo assim mais fácil negociar um contrato – um acordo que esboce mudanças comportamentais – e ficar bem longe de mares emocionalmente encapelados. A curto prazo, todos se sentem melhor com isso; mas no longo prazo a maré das emoções voltará com violência bem maior. Essa situação se deve ao fato de que foram negociadas as questões patentes, enquanto as emoções de base continuam a fervilhar sob a superfície. E quando isso acontece, as negociações que se fizerem darão em nada e você vai se sentir com mais raiva ainda.

Existem outros motivos pelos quais as negociações fracassam: você pode estar negociando coisas inegociáveis. Há três tipos de questões inegociáveis: as violações do que chamo de Leis Conjugais; os Estados Emocionais; e os Conflitos de Valores. Examinemos cada classe detalhadamente.

Violações das Leis Conjugais

Há requisitos básicos a serem cumpridos para que um casamento sobreviva, e seja o que for o que os cônjuges pensem ou digam, sem o atendimento desses requisitos, não há casamento. Eis uma lista dessas violações.

- Linguagem degradante, palavrões, menosprezo
- Maus-tratos físicos do cônjuge ou dos filhos
- Abusos sexuais (estupro conjugal, abuso sexual dos filhos)
- Infidelidade (a não ser que os parceiros tenham concordado em ter um casamento aberto)
- Alcoolismo/Abuso de drogas
- Gastos perdulários ou jogos de azar que ponham em risco o bem-estar da família ou prevaleçam sobre as necessidades dos cônjuges
- Recusa a discutir e a chegar a acordos a respeito de práticas de educação dos filhos
- Recusa a trabalhar (no emprego ou em casa) e a ajudar eqüitativamente no sustento da família
- Recusa sistemática a considerar os sentimentos do cônjuge, bem como a se esforçar para compreendê-los (por exemplo: "É assim e pronto. Se você não gosta, a porta está sempre aberta.")

Se for vítima de qualquer dos comportamentos acima, você tem de bater o pé e afirmar que são inaceitáveis. A recusa sistemática e repetida a mudar é causa de separação, e não motivo de negociação.

Nesse ponto extremo, os casais de modo geral fazem uma última tentativa e marcam uma consulta com um conselheiro matrimonial. Não obstante, a rigidez da parte de qualquer dos cônjuges pode tornar esse último esforço natimorto.

Estados Emocionais

As emoções que são desencadeadas pelas ações e palavras do seu companheiro constituem a segunda classe de questões inegociáveis. Digamos que você se sente magoada porque este ano o seu marido se esqueceu do seu aniversário. Como você pode negociar o fato de se sentir magoada? O aniversário já passou. Restam apenas os seus sentimentos, que precisam ser escutados e compreendidos, não negociados. Insisto nisso porque muitos casais tentam negociar a mudança de seus sentimentos!

RON: Susie, você sabe que a nossa vida seria mais fácil se você não ficasse tão zangada cada vez que faço uma brincadeira com o seu peso.
SUSIE: Você está tentando me dizer que eu não devo sentir o que sinto?
RON: Sim, mais ou menos isso. Eu teria mais boa vontade para fazer coisas em casa se você não se irritasse tanto comigo.

Embora você possa negociar comportamentos que a incomodam, os sentimentos advindos do comportamento incômodo do seu companheiro não podem ser negociados nem afastados por meio de alguma troca. Logo, quando se vir diante de seus próprios estados emocionais, a melhor maneira de agir é revelar seus sentimentos e conseguir que seu parceiro os escute e compreenda, por intermédio das técnicas discutidas no capítulo anterior.

Uma boa maneira de você ajudar o seu cônjuge a compreender a sua reação às palavras e ações dele é usar a técnica do Devo Me Sentir ...? Esta técnica ajuda um cônjuge frágil ou defensivo a descobrir o efeito que suas ações tiveram sobre o outro sem que o outro tenha de interpelá-lo violentamente. Por exemplo, você e o seu companheiro estão discutindo um assunto – pouco importa qual – e de repente ele deixa escapar: "Você não sabe do que está falando." Seus sentimentos ficam feridos e você precisa fazer que ele saiba qual o estrago que essas palavras causaram. Está claro que você não pode negociar um contrato que envolva a sua reação emocional às palavras proferidas por ele. E se você o atacar frontalmente por causa desse comportamento impróprio, é provável que ele fique na defensiva e se desligue da conversa. É aqui que cai como uma luva a fórmula Devo Me Sentir ...? Você diz "Devo Me Sentir" e introduz seu sentimento – seja ele qual for. No caso do exemplo acima, você diria: "Devo me sentir diminuída?"

A vantagem dessa técnica está no fato de ajudar o seu companheiro a perceber o impacto que o comportamento dele causou (e a aprimorar a Identificação Parcial dele com relação a você) sem ter de receber um contra-ataque da parte dele. Mas esteja certa do fato de que alguns maridos altamente defensivos poderão dizer: "Sinta-se como quiser. A sua reação não tem nada a ver comigo." Nesses casos, o cônjuge está se recusando a olhar para si mesmo e a aceitar a responsabilidade pelo efeito de suas próprias palavras e ações. Se isso acontecer, você vai precisar recorrer a uma variante dessa fórmula e, em vez de dizer: "Devo me sentir x, y ou z?", você dirá: "Como você quer que eu me sinta quando você fala comigo desse jeito?" Essa pergunta obriga a outra pessoa a examinar o próprio comportamento.

Tanto os nossos estados emocionais como os do nosso cônjuge têm caráter inegociável. Tenho mais uma vez de distinguir sentimentos de ações ou reações. Isto é, se o seu parceiro age a partir de sentimentos e se comporta de maneira imprópria, é possível negociar esse comportamento. Porém os sentimentos em si – isto é, as emoções brutas – não se prestam à negociação.

> O marido de Eleanor, Michael, costuma virar uma pedra de gelo sempre que ela o aborda a fim de estabelecer um vínculo emocional. Numa dessas ocasiões, ela pôs os braços ao redor dele e lhe disse que acabara de se lembrar de um dos seus primeiros encontros no qual eles tinham dançado de rosto colado num elegante clube noturno. Michael ficou em silêncio e não respondeu, permanecendo com os olhos fitos no vazio. Eleanor ficou arrasada e saiu da sala debulhada em lágrimas.

Por que Michael virou uma pedra de gelo? Para descobrir, Eleanor precisa abordá-lo e examinar a origem da sua reação. Ao fazê-lo, ela vai descobrir que o cérebro dele, orientado para a ação, traduziu erroneamente a mensagem dela como um pedido de que ele fizesse alguma coisa concreta – levá-la ao clube num futuro próximo. Michael sabia que eles não tinham dinheiro para uma noitada e ficou imobilizado pelo medo de desapontá-la.

Numa situação como essa, não há lugar para negociação. Michael não pode negociar o medo; nem pode negociar sua interpretação errada do pedido da mulher (julgar que ela quer ir dançar), porque isso não tem nenhuma relação com o que ela espera dele – uma ligação emocional. Negociar o ir ou não ir dançar estaria no âmbito da tendência de Michael para a ação e não abordaria o cerne do conflito: o medo que surgiu quando ele traduziu de forma errada o pedido feito por Eleanor de uma ligação emocional como um pedido de ação. O que Michael de fato precisa fazer é afastar o foco das ações, aprender a falar de seus próprios sentimentos e responder à mulher.

Ainda que os estados emocionais do marido não possam ser negociados, você talvez considere útil negociar aquilo que recebe o nome de Contrato de Interpretação. Trata-se de um contrato oral que se concentra nas circunstâncias que podem dar ensejo ao surgimento de emoções fortes e/ou na cooperação com o seu cônjuge no sentido de evitar reações emocionais particularmente intensas. Com esse tipo de contrato, um cônjuge tem garantido a si o direito de assinalar – sem recriminações – comportamentos perturbadores ou que causem mágoa quando eles ocorrem, ou então chamar a atenção do outro antes que uma reação habitual deste tenha a oportunidade de ocorrer. Por exemplo, o Contrato de Interpretação de Eleanor e Michael poderia ser o seguinte: Michael dá a Eleanor permissão para avisá-lo antes de tentar estabelecer uma ligação emocional (para evitar que ele fique frio como uma pedra de gelo). Ela também vai lembrá-lo de que nenhuma ação (ou gasto) está vinculada ao que ela vai dizer, para ajudá-lo a tirar o foco da ação. E Michael concorda em procurar esclarecer a natureza do pedido dela, fazendo o que puder para evitar ser atingido pelo seu medo imobilizador. A discussão inerente a um Contrato de Interpretação vai ensinar Michael a ser menos orientado para a ação, porque, quando pensamentos e sentimentos são postos em palavras, sua probabilidade de se transformar em atos é muito menor. E, mais do que isso, as emoções intensas que o deixam congelado também vão diminuir, graças à natureza catártica do processo da conversa.

Se você e o seu companheiro decidirem firmar um Contrato de Interpretação, há dois aspectos que não podem ser esquecidos: (1) você precisa se assegurar de que o seu parceiro consente em ter indicadas suas fraquezas. Sem o consentimento dele, você corre o risco de ofendê-lo, o que apenas vai desencadear a ativação do SNA, recomeçando tudo outra vez; e (2) quando alertar o seu marido, você terá de fazê-lo num tom amoroso. Ele tem de captar o sentimento de que vocês estão resolvendo o problema como uma equipe. Se, a qualquer momento, o seu parceiro se sentir zombado ou diminuído, esta técnica se mostrará ineficaz e até improdutiva.

Conflitos de Valores: Não-Negociáveis

Os Conflitos de Valores são o terceiro tipo de questões inegociáveis. Quando falo de valores, refiro-me a crenças, gostos, preferências, etc. de cunho religioso, cultural ou político. Esses valores compõem o núcleo essencial do indivíduo e não são objeto de negociação. Tentar torná-los negociáveis equivaleria a tentar forçar um leopardo a mudar de coloração.

Há muito a dizer em favor da homogamia – ou semelhança – de valores no casamento. Na realidade, a homogamia tem uma correlação direta com a satisfação conjugal: quando ela existe, há pouco atrito, visto que o casal vê as coisas da mesma maneira. Casais que são menos homógamos, mas ainda assim se dão bem, aprenderam ou a aceitar as diferenças um do outro ou a se manter a distância de tópicos conflituosos.

Por infelicidade, muitos casais com problemas os têm porque, sem perceber, estão brigando por causa de conflitos de valores, assim como estão tentando negociá-los. Por exemplo, você e o seu parceiro têm diferentes preferências no tocante ao lugar onde praticar o sexo: seu parceiro deseja ter sexo no chão da sala de estar, enquanto, para você, um colchão confortável é o máximo de selvageria permitida. O seu lugar preferido e o dele nada tem de errado; cada um tem direito aos seus próprios gostos.

Tratando de gostos, vamos discutir a situação de Vicky. O ralo da banheira de Vicky está inacreditavelmente entupido por uma bola de cabelos de tamanho letal. "Se Pete ao menos superasse a sua fase *hippie* e tosasse aquela montanha de espaguete que tem na cabeça, eu não seria obrigada a fazer as vezes de encanadora", lamentou-se ela a mim. Ela explicou que Pete gosta de seus cabelos longos e se recusa a cortá-los, e que eles habitualmente discutem por causa disso.

Será essa uma questão negociável? Ela se refere aos valores de Pete com relação aos cabelos, e Vicky ou consegue conviver com eles ou não consegue. Contudo, se os cabelos longos de Pete a prejudicam ao entupir o ralo, então ela tem uma questão objeto de negociação.

Falamos até agora do fato de atitudes, gostos e preferências serem inegociáveis, mas que dizer de hábitos? Se estão imbuídos de valores, os hábitos também são inegociáveis. Por exemplo, todo sábado pela manhã você gosta de mergulhar nas tarefas domésticas, mas, enquanto você faz isso, o seu marido tem o hábito de se estender no sofá, evitando qualquer coisa produtiva. Você se sente tentada a negociar uma mudança de comportamento. Mas e se o hábito do seu marido tiver relação com determinados valores? Digamos que ele foi educado como judeu ortodoxo, e lhe tivessem proibido de fazer qualquer trabalho no Sabá. Nesse caso, relaxar nas manhãs de sábado é parte do sistema de valores dele.

Eis outro exemplo. Um marido tem o hábito de pagar as contas na última hora. Ele foi criado por pais *hippies*. Eles acreditavam que a vida deveria ser, em primeiro lugar, divertida e cheia de liberdade, e que trabalhar produtivamente e em casa só quando não havia jeito. Assim, como você pode ver, o hábito que tem esse marido de pagar as contas na última hora também está vinculado a valores.

Ora, se a mulher dele foi criada numa família que a ensinou a chegar cedo aos compromissos e a cumprir prazos, sua expectativa de que as contas sejam pagas o mais rápido possível também está vinculada a valores. Há nesse caso um conflito de valores entre o casal. O que se pode fazer com relação a isso?

Como os valores são parte integrante da estrutura do ser humano, você não pode pedir a alguém que negocie parte da identidade dele, assim como não se pode pedir isso a você. Exigir que o marido altere um comportamento baseado em valores equivale a pedir-lhe que cometa um suicídio psicológico. E, mais do que isso, a expectativa de que alguém desista de um comportamento com essas características é o mesmo que a afirmação de que o valor da outra pessoa está errado e que o seu está certo. Este tipo de julgamento qualitativo não se aplica a valores. Os valores podem entrar em conflito entre si, mas não é possível rotulá-los como certos ou errados.

Assim sendo, como você pode tratar de um conflito de valores? Você tem três opções: (1) Pergunte a si mesma: "Eu quero de fato entrar numa batalha por causa desse hábito vinculado a valores?" Essa pergunta pode levá-la a simplesmente aceitar as diferenças entre vocês; (2) Você pode tratar do conflito de valores como se fosse uma questão emocional ouvindo os pontos de vista que você e o seu parceiro têm a respeito, sem tentar promover um no outro uma mudança de comportamento; e (3) Como resultado da mútua compreensão e do respeito dos valores um do outro, vocês podem decidir negociar uma resolução aceitável para os dois, uma solução em que os valores de ambos sejam respeitados. Para fazê-lo, siga os passos da negociação esboçados no próximo capítulo.

Quando se vir diante de hábitos que a incomodam, uma atitude sábia seria você perguntar a si mesma: "Este hábito está dirigido contra mim?" Como as mulheres são propensas a uma excessiva personalização, você precisa ter cuidado com a tendência de supor erroneamente que o seu cônjuge mantém um dado hábito a fim de irritar, provocar ou desafiar você intencionalmente. Pergunte a si mesma: "Será que o meu companheiro ainda teria esse hábito irritante se vivesse sozinho? Ele por acaso agia assim antes de eu entrar em cena?" É muito comum que, ao examinar a questão com neutralidade, você se dê conta de que o hábito não se dirige contra você. Isso pode ajudá-la a não se incomodar com o hábito em questão.

Em algumas ocasiões, os conflitos de valores constituem cortinas de fumaça que ocultam problemas mais profundos. Por exemplo, Paula e Jerry discutem continuamente sobre se devem ou não se casar. Ele acredita que só o amor conta e que não é necessário um pedaço de papel para provar o seu amor. Paula deseja um casamento com toda a pompa e circunstância. Essas duas pessoas têm valores diferentes no que se refere ao casamento. Elas podem decidir conviver ou não com as suas diferenças. Mas também pode haver aqui mais do que revelam as aparências. Talvez Paula e Jerry estejam brigando sobre o "sim" ou o "não" em vez de enfrentar questões mais profundas. Pode ser que a batalha sobre casar ou não oculte arraigados temores da intimidade e do compromisso.

Tome Cuidado com a Tendência a Negociar o Conteúdo Declarado do Conflito

Muitos casais em aconselhamento matrimonial são orientados a negociar os assuntos declarados de conflito; mas os contratos resultantes dessas negociações de modo geral não funcionam porque os casais nunca tratam do seu verdadeiro conflito – isto é, dos sentimentos que estão na base do objeto declarado de discórdia. Como as emoções podem ser muito dolorosas, é comum que a mente se afaste dos sentimentos e se concentre, em vez disso, nos comportamentos. Por exemplo, em lugar de admitir para si mesma que você se sente magoada e temerosa quando o seu companheiro chega em casa tarde, você fica inclinada a interpelá-lo nos termos mais variados. Por que ele não telefonou? O que ele estava fazendo? Com quem estava? Uma vez que vocês enveredem por uma discussão de comportamentos, a progressão natural é negociar um contrato que esboce comportamentos mais aceitáveis. Esse contrato parece ótimo no papel. Porém os sentimentos de medo, de mágoa e de raiva não foram abordados. Lançados no subterrâneo, eles vão reaparecer com outra forma em algum outro momento. Por conseguinte, a negociação não vai resolver o que de fato está em jogo – os sentimentos de insegurança e de raiva. Toda vez que a negociação se mostrar ineficaz na resolução de uma área de conflito, você tem sempre de supor que houve sentimentos varridos para debaixo do tapete emocional.

> Lilly estava magoada e irritada porque sua família nunca estava disposta a dar-lhe uma ajuda em casa. Durante anos, a família fez terapia e negociou vários contratos – mas foi em vão. Quando veio me ver, Lilly reclamou do fato de que ninguém se importava. Eu logo percebi por que firmar contratos nunca tivera resultados para ela e a família. Ninguém havia compreendido os sentimentos dela com relação a ter de cuidar de tudo. Lilly fora a Cinderela de sua família de origem, tendo sido forçada a fazer todo o trabalho enquanto a irmã ficava refestelada no sofá. Lilly recriara inconscientemente o clima emocional de sua família de origem, e nenhuma espécie de contrato seria capaz de resolver esse tipo de problema. Ela precisava se dar conta, antes de tudo, de qual Velha Cicatriz ela estava tentando curar por intermédio de suas brigas. Ela teve de se decidir a renunciar ao seu antigo papel de Cinderela. Tendo alcançado esse nível de consciência e de resolução, Lilly pôde expli-

car à família como o comportamento desta a fazia sentir-se e acabou por resolver o impasse.

Espero que você agora compreenda o porquê de as emoções que estão na base dos seus objetos de conflito terem de ser tratadas antes mesmo de você poder pensar em negociar. É contudo neste ponto que as coisas ficam um tanto complicadas. Sob os sentimentos de que temos consciência espreitam sentimentos ainda mais profundos que podemos não conhecer. E se quiser resolver os seus conflitos, você vai precisar ir além da camada emocional superficial e entrar em contato com aquilo que eu chamo de Núcleo Emocional — a parte mais profunda de você mesma. Se não trouxer à consciência os seus sentimentos nucleares, você terá poucas esperanças de resolver seus conflitos. Para ajudá-la a fazer isso, apresento de maneira detalhada, na seção a seguir, situações que costumam se manifestar no casamento, ao mesmo tempo em que a ajudo a identificar os sentimentos nucleares que têm probabilidades de vir à tona nessas situações.

Onde Você Estava? Com Quem Você Estava?

Quando você se surpreende interrogando o seu companheiro, os sentimentos superficiais que acompanham essa sua atitude exacerbada são os ciúmes ou a raiva. Mas a obsessão com a possibilidade de o seu marido estar na companhia de outra pessoa pode esconder um temor nuclear de abandono.

Você Sempre Dá Razão a Ele/Ela e Não a Mim

Quando o seu parceiro não dá razão a você — ao ficar do lado de um dos filhos ou dos pais dele, ao solapar a vigência de regras estabelecidas por você ou ao subornar os filhos por meio de dinheiro ou de presentes —, o sentimento declarado que você tem é a raiva. Mas o sentimento nuclear provavelmente é a mágoa e uma sensação de que você foi traída.

Você Não me Dá Dinheiro Suficiente

Quando você não recebe dinheiro suficiente, quer porque seu marido é avarento ou porque gasta o dinheiro com ele mesmo e com os seus passatempos, sua reação declarada é, provavelmente, a raiva por não ser levada em consideração. Seu bolso pode estar vazio, mas o seu coração está mais vazio ainda. E o seu sentimento nuclear é o de não ser amada.

Você Está Afundando o Nosso Barco Financeiro

Quando seu companheiro gasta em excesso, dilapida a poupança, usa os cartões de crédito até o limite ou tem comportamento errático em termos do pagamento das contas, as suas reações emocionais de superfície podem ser a raiva e o ultraje; os sentimentos de impotência; uma sensação de estar fora de controle, abandonada e traída. Mas a sensação nuclear nesse caso é o terror com relação à própria vida.

Não Temos Relações Sexuais Suficientes
(ou o Tipo Correto de Relação Sexual)

Quando se sente infeliz no campo do sexo, a reação declarada costuma ser a mágoa ou a raiva. Um sentimento de rejeição costuma estar na base disso; e, num nível ainda mais profundo, pode estar o sentimento de carência de amor.

Você É Fechado Comigo

Quando você sente que o seu parceiro se afasta emocionalmente de você, a reação de superfície costuma ser a irritação, o sentimento de solidão e a mágoa. E, sob esses sentimentos, pode estar um sentimento nuclear de insegurança ou o medo do abandono.

Querida, Passe-me a Cerveja e Se Afaste para Eu Ver a Televisão

Se o seu cônjuge não levanta um dedo para fazer algo em casa ou se refestela enquanto você faz todas as tarefas de casa e/ou cuida dos filhos, é bem provável que você se sinta usada e irritada. No nível nuclear, você pode se sentir explorada e desvalorizada.

Você Não Passa Tempo Suficiente Comigo e/ou com as Crianças

Quando o seu marido põe a vida dele, os negócios dele, os passatempos dele ou os amigos dele na frente de você e das crianças, você se sente magoada e irritada no nível de superfície. No nível emocional nuclear, você provavelmente se sente rejeitada e desvalorizada.

Você Não me Diz Que me Ama

Se se sente privada de afeto verbal, é provável que você sinta mágoa e raiva no nível emocional patente. Mas esse problema pode esconder um sentimento ainda mais profundo de desvalorização.

Aonde Foram Parar o Vinho e as Rosas?

Se o seu marido eliminou da vida de vocês o romance, é provável que você se sinta magoada e negligenciada e tenha raiva. Porém, no seu núcleo, você provavelmente se sente não amada, indesejada, bem como desvalorizada.

Você Não É o Meu Pai

Quando o seu marido a controla, você provavelmente vai perceber que se sente irritada e com vontade de desafiá-lo. No nível nuclear, você, na verdade, pode se sentir fora de lugar e desvalorizada.

♥ ♥ ♥

Há muitos motivos pelos quais eu a estimulo a entrar em contato com os sentimentos nucleares que espreitam sob suas reações emocionais visíveis. Por um motivo: quando os seus pés emocionais são pisados, a reação inicial costuma ser a raiva. Mesmo que você não faça coisa alguma a partir dessa raiva, seu marido ainda pode vê-la como uma bruxa motorizada; e você sabe o que vai acontecer nesse caso. Em contrapartida, quando você examina o seu próprio íntimo e entra em contato com as suas emoções mais profundas – os sentimentos que estão sob a raiva – e as comunica ao seu marido, costuma ocorrer nele uma mudança instantânea: diante do seu Núcleo Emocional, são despertados naturalmente os próprios sentimentos de amor, de empatia e de carinho dele. Então, ocorre um de dois desfechos: ou ele muda o comportamento espontaneamente ou se mostra mais disposto a negociar uma mudança.

É por esse motivo que empenhar-se numa negociação antes de o seu parceiro compreender a significação emocional que um dado tópico tem para você leva a resultados desprezíveis. Sem essa compreensão, seu pedido de mudança de comportamento vai fazer seu marido sentir-se ressentido, como se ele estivesse sendo forçado a ceder simplesmente porque você deseja que ele o faça. Mas o que você deseja é uma alteração voluntária e não uma mudança forçada.

♥   ♥   ♥

Para resumir este capítulo: apresentei três tipos de assuntos inegociáveis: violações de Leis Conjugais, Conflitos de Valores e Estados Emocionais.

As violações das Leis Conjugais têm simplesmente de ser interrompidas, não negociadas.

Os Conflitos de Valores são inegociáveis. Não obstante, os comportamentos advindos desses conflitos podem ou não ser negociáveis. E, como eu disse, as emoções desencadeadas como resultado da diferença de valores entre os cônjuges podem por certo ser tratadas da mesma maneira como você trata os seus Estados Emocionais.

Mesmo que você ache que está diante de uma questão negociável, eu ainda sugiro que você trate antes de tudo dos Estados Emocionais que cercam essa questão, seguindo para isso as recomendações deste capítulo e do próximo.

O simples fato de abrir o coração e partilhar sinceramente o impacto que tem o comportamento do seu parceiro talvez seja suficiente para levar à interrupção do comportamento que a incomoda, caso no qual você não precisa chegar a uma negociação total. Isso costuma ocorrer, mas haverá ocasiões em que o seu marido ainda pode mostrar resistência à mudança de ação. Quando estiver diante de comportamentos arraigados como os maus hábitos, os desacordos quanto à divisão de tarefas domésticas ou dos cuidados dos filhos, a partilha do dinheiro ou outros conflitos semelhantes, a negociação pode ser a única resposta.

10

O Tratado de Paz: Como Negociar um Contrato

Você se acha agora em condições de aprender a negociar um contrato. Anos de pesquisa me mostraram que o segredo da obtenção de um resultado positivo reside na maneira pela qual você *apresenta* o assunto que é objeto de conflito. Se o seu problema não for apresentado de modo correto, o seu marido terá ido embora antes mesmo de você chegar ao ponto de partida e nem vamos pensar na linha de chegada!

Por Que Eu Tenho de Fazer Todo o Trabalho?

Muitas mulheres não se recusam a iniciar discussões acerca de conflitos desde que as questões levantadas sejam apresentadas de forma destrutiva, como culpar, se queixar, criticar, etc.; mas elas costumam recuar quando se pede que sejam positivas e construtivas. ("Por que sou eu que tenho de mudar? Estou saturada de fazer tudo. Além disso, por que cabe a mim levantar o problema?") Você pode ficar contrariada, mas tem de encarar os fatos: as mulheres são as vigilantes do relacionamento, o que significa que são elas que percebem os problemas conjugais; somos as supervisoras e mantenedoras do relacionamento. Dessa forma, como pode o seu marido iniciar uma discussão acerca de um problema de que ele não se dá conta?

Tenha em mente que a sua resistência para mudar o modo pelo qual aborda as discussões de conflitos talvez oculte o temor de renunciar à sua armadura de raiva. Você pode continuar a fazer o que vem fazendo ou pode fazer aquilo que produz resultados. A escolha é sua. Se você deseja chegar a uma resolução, o passo seguinte é aprender a apresentar os seus problemas para discussão de uma maneira construtiva.

Primeiros Movimentos

Iniciemos pelos seus sentimentos. Você não gostou de alguma coisa que foi dita ou feita. Pode ser que tenha se sentido magoada ou irritada. Ponha na cabeça que os sentimentos e ações específicos que a levaram a reagir não são de fato relevantes. Não estou dizendo que os seus sentimentos não contem. O que digo é que, do ponto de vista das técnicas de resolução de conflitos, as questões e sentimentos específicos nada alteram: as técnicas que você estará usando para comunicar seus sentimentos permanecerão relativamente constantes.

Auto-Exame

Antes de levar o seu problema ao seu companheiro, você vai precisar realizar algumas tarefas de Auto-Exame, entre as quais se incluem a identificação das Velhas Cicatrizes que os conflitos reabrem; a verificação das Ciladas das Brigas que você tem propensão a usar; a Drenagem das Toxinas Emocionais; a Escavação em Busca do Amor; a preparação do seu Quebra-Gelo (que anuncia ao seu parceiro a existência de um problema), da sua Frase Preparatória (uma afirmação que procura dar apoio ao seu parceiro) e da sua Declaração do Problema; a determinação da natureza, negociável ou não, do problema com o qual você está às voltas; e a preparação para uma negociação ampla se isso for adequado.

Depois de ler a relação acima, você pode ter se sentido tentada a dar uma paulada na cabeça do seu companheiro e descartar o Auto-Exame. Compreendo essa tentação, mas a que vai levá-la a desistência? À cadeia ou à separação. Logo, em seu próprio benefício, não desista agora. Andar de bicicleta parece, no início, uma tarefa desanimadora, como é o caso das tarefas de Auto-Exame. Mas assim que se acostumar com essas tarefas e as tiver praticado um pouco, elas de modo algum continuarão a parecer insuperáveis. Portanto, vejamos com mais detalhes essas tarefas.

Identificar a Velha Cicatriz

Perceber qual Velha Cicatriz foi ativada pelas palavras ou ações de seu companheiro vai ajudá-la a afastar o foco de sua atenção do cônjuge e dirigi-lo para os fantasmas do passado.

Você vai precisar perceber ainda quais Velhas Cicatrizes a atual divergência entre você e seu marido reabriu nele. Essa informação vai ajudá-la a criar a Declaração do Problema mais adequada às necessidades do seu cônjuge. E, mais do que isso, quanto melhor você compreender o que acontece emocionalmente com ele neste momento, tanto melhores as condições que terá para manter as discussões nos trilhos ou fazê-las voltar a eles caso venham a descarrilar.

Identificar as Suas Ciladas de Brigas

Na parte seguinte do Auto-Exame, tome consciência dos temores que tiver com respeito a levar o problema ao seu marido. Você receia que ele não seja receptivo? Acha que abordar diretamente o assunto pode piorar as coisas? Levando em consideração os desastres que a atingiram antes, esses temores provavelmente têm fundamento.

Esse medo também pode ser uma advertência quanto ao fato de que a sua mente, criatura de hábitos que é, está ameaçando mostrar sua carantonha. Ou seja, sua mente inconsciente tenta enganá-la para que você diga ou faça coisas que deixem o seu parceiro tão exasperado que ele (e você mesma) aja da velha e familiar maneira de sempre. Logo, não descarte esses receios com demasiada rapidez, pois eles estão lhe dizendo coisas de grande relevância. E se teme um resultado negativo, tome ainda mais cuidado para reconhecer, em vez de transformar em atos, as suas velhas Ciladas das Brigas. Lembre-se de que cair nessas Ciladas permite que o seu barco se mantenha à tona por mais algum tempo, mas no final seu casamento vai afundar.

Drenagem da Raiva Bruta

Lisette estava aterrorizada com a idéia de falar com o marido sobre o seu problema, pois temia que ele a fizesse em pedacinhos. Dentro de pouco tempo, ela descobriu que tinha na verdade medo da própria raiva que sentia – ela desejava de fato destruir o marido, Scott, verbalmente. O fato de ela resistir a falar com ele era uma defesa contra seu próprio desejo secreto de acabar com ele. A fim de ultrapassar esse obstáculo, Lisette teve de admitir a grande raiva que tinha do marido e precisou Drenar as Toxinas Emocionais.

Tal como Lisette, você terá de Drenar a sua raiva de modo que esteja o mais calma possível quando abordar a questão com o seu marido. Uma boa maneira de fazê-lo consiste em imaginar o que exatamente você gostaria de fazer com ele. Você quer lhe dar com uma frigideira na cabeça? Ou prender-lhe os lábios com cola e bater nele com um bastão de borracha até deixá-lo inconsciente? Qualquer que seja, a fantasia escolhida é inofensiva, desde que você saiba que não pode nem vai transformá-la em atos. Assim, use a fantasia para Drenar mentalmente toda a sua raiva. Quando terminar, você vai sentir que tirou um peso de cima de si mesma e está quase pronta a tratar de cabeça fria do problema com o seu parceiro. Mas não basta drenar a sua raiva. Você precisa ainda entrar em contato com os seus sentimentos de amor.

Escavando em Busca do Amor

É difícil entrar em contato com sentimentos de amor quando você está com raiva do seu companheiro. Isso se deve ao fato de que, quando você está irritada, a sua mente tende a associar os eventos irritantes do momento com lembranças de episódios semelhantes nos quais o seu parceiro a decepcionou. Quando isso acontece, a sua mente fica "inundada" de más recordações e você se vê morrendo afogada em sentimentos negativos. A única maneira de sair desse impasse consiste em interromper conscientemente o fluxo de associações de caráter negativo. Tendo evitado seu próprio afogamento, você precisa dar um passo a mais e lembrar a si mesma de que está deixando em segundo plano os bons aspectos do seu casamento e do seu parceiro. Quando vencer esta etapa, você estará pronta para Escavar em Busca do Amor mediante a evocação de recordações de momentos especiais que passou com o seu marido e/ou das qualidades dele que você ama.

Quando tiver cumprido essas quatro tarefas, você está pronta, do ponto de vista emocional, para passar à próxima fase do Auto-Exame: preparar as palavras que formarão seu Quebra-Gelo, sua Frase Preparatória e a Declaração do Problema. O objetivo dessa tarefa é escolher palavras e frases que você sabe ser capazes de abrir os ouvidos e o coração de seu parceiro. Iniciemos com o Quebra-Gelo.

O Quebra-Gelo

Quebra-Gelo é uma frase que alerta o seu companheiro para o fato de que você quer tratar de um problema. Sugiro que o seu Quebra-Gelo seja o mais neutro possível (você não vai querer ser considerada uma "você-sabe-o-quê"). Quebra-Gelos mal formulados como "Temos de conversar imediatamente" ou "Você agiu errado outra vez" com certeza vão deixar seu marido na defensiva – e você poderá esquecer o sonho de ver uma discussão saudável se desenvolver se os pêlos dele estiverem eriçados. São preferíveis frases como "Há uma coisa que está me incomodando. Você acha esta uma hora boa para falar disso?" ou "Preciso de sua ajuda. Você tem algum tempo para conversar comigo agora?" Quando usar o Quebra-Gelo, assegure-se de adotar uma linguagem corporal neutra e usar um tom de voz tranqüilo.

A Frase Preparatória

Elabore em seguida a sua Frase Preparatória. Trata-se de uma afirmação positiva que busca deixar seu marido à vontade, proteger vocês da ativação do SNA e criar um clima amoroso e seguro para a sua discussão e/ou negociação. Na Frase Preparatória, você vai dizer por que o seu parceiro é importante para você, que aspectos do relacionamento ou que características pessoais do seu companheiro você valoriza. Bater na tecla de características que facilitem a negociação vindoura mata dois coelhos conjugais com uma só cajadada.

A Frase Preparatória também pode incluir elementos que são parte do conhecimento que você tem de si mesma ou dele. Você pode fazer alusão a Velhas Cicatrizes se julgá-lo útil. Mencionar Velhas Cicatrizes dele pode transmitir o fato de que você compreende por que enfrentar o problema particular que está prestes a discutir vai ser doloroso ou difícil. Por exemplo, você pode dizer "Sei que você foi criticado quando criança e que as discussões o fazem sofrer." Ao transmitir ao seu parceiro que reconhece as Velhas Cicatrizes dele, você se coloca na posição de uma amiga que não deseja prejudicá-lo. Tenha o cuidado de não se referir às Velhas Cicatrizes dele como se usasse um porrete, atacando-o, zombando dele ou procurando diminuí-lo. Por exemplo, afirmações como "Você nunca cresceu emocionalmente" ou "Você é igualzinho ao seu pai" são ataques – e nunca vão criar as condições propícias a uma discussão construtiva.

Exemplos de Frases Preparatórias

"Eu acho muito importante o nosso relacionamento e o amor que nos une..."
"Você é muito especial para mim..."
"Sempre admirei sua capacidade de enfrentar problemas de frente..."

Quando tiver criado a sua Frase Preparatória, passe à criação de sua Declaração do Problema.

A Declaração do Problema

Considerações Fundamentais

O Confronto Positivo

Por mais que você doure a pílula, a declaração de um problema é um confronto. A maioria dos casais que passam por dificuldades conjugais dominou a arte do confronto negativo, que consiste na purgação emocional e em "botar as mágoas para fora". Mas, como você sabe, o descontrole emocional nunca produz bons resultados e é sempre prejudicial ao relacionamento. Por conseguinte, lembre-se de que este não é o momento para o desafogo emocional. Você já deve ter Drenado o excesso de seus sentimentos, e, caso não o tenha feito, eu a desaconselho a tratar do seu conflito.

Na realidade, você só deve abordar o seu parceiro para discutir quando tiver condições de proporcionar um confronto positivo que instaure o clima apropriado e faça que o seu companheiro se sinta valorizado e fique à vontade e motivado a avançar no processo de negociação. É a maneira como você introduz o confronto que instaura o clima adequado e determina se as suas negociações vão ou não avançar.

Não Diga Nada

Como tenho dito a você ao longo deste livro, as suas oportunidades de resolução do problema dependem de sua capacidade de ficar calma, o que tem especial importância quando você apresenta o seu problema. O seu objetivo é *apresentar* o que a incomoda e *descrever*, não expressar, a sua reação emocional. Quanto mais calma e controlada você for, tanto maior a probabilidade de você ter uma discussão bem-sucedida.

Um Assunto de Cada Vez

Quando for apresentar seu problema, concentre-se num só e único problema. Não se esqueça de que toda mulher acha muito natural trazer à tona todas as questões problemáticas (a Cilada das Brigas do tipo "Lata de Lixo"), em vez de ter como foco um problema específico. Se você jogar sobre o seu parceiro tudo o que a incomodou desde o primeiro dia, a ativação do SNA vai atingi-lo com força total – e você sabe o que acontece então. Logo, mesmo que tenha vários assuntos a tratar, lembre-se de que Roma não foi feita num dia. Terminaremos por chegar a todos os problemas. O segredo está em não sobrecarregar seu marido apresentando mais de uma questão. Como costumo dizer às esposas: "Não queira você abarcar o mundo com as pernas *dele*."

Não Reaja Imediatamente

Como observação final, não a aconselho a reagir imediatamente quando você for ofendida. Se o fizer, você corre o risco de iniciar a discussão em condições não ideais. E, mais do que isso, quando diz ao seu parceiro o que a está incomodando, você tem de estar preparada para passar diretamente à discussão do conflito e a uma possível negociação. E se não reservou tempo para dar todos os passos de Auto-Exame, você não vai estar pronta. Portanto, enquanto você não alcançar a proficiência na resolução dos próprios conflitos, recomendo que espere até percorrer todas as etapas do Auto-Exame. Passemos agora à construção da sua declaração do Problema.

Criando a Sua Declaração do Problema

Há uma fórmula cientificamente comprovada de apresentação adequada de um assunto a ser discutido. Essa fórmula se compõe de três partes: primeiro vem a *Aceitação de Credenciais*; em segundo lugar, a Apresentação do seu Problema e, em terceiro, a Sugestão Para o Futuro. Comecemos pela Aceitação de Credenciais.

A Aceitação de Credenciais

Apresentar o seu problema a um companheiro de ego frágil ou desgastado (o que é o caso da maioria dos maridos com problemas conjugais) é uma tarefa destinada ao fracasso. Seu cônjuge vai se sentir magoado pelas mais inocentes observações e recorrerá a desculpas, a apresentar defesas, a negar as coisas e contra-atacar com acusações, numa tentativa inconsciente de proteger sua psique. Você não consegue apresentar o seu problema a uma pessoa que precisa evitar tudo o que você diz para manter-se à tona em termos mentais.

É aqui que a Aceitação de Credenciais torna-se necessária. Ela garante que o seu companheiro fique do seu lado, mesmo durante um confronto. Ela protege a psique dele para tornar desnecessárias medidas de proteção como desculpas, defensividade e negação. Quando o ego do seu parceiro recebe um revestimento isolante, ele fica mais disposto a ouvir o seu problema.

☞ EXEMPLOS DE ACEITAÇÃO DE CREDENCIAIS

"Eu sei que você não queria me magoar (ou irritar)."
"Estou certa de que você não pretendia causar um transtorno."
"Eu sei que você me ama (e às crianças) e não quer magoar os meus (nossos) sentimentos."

Como você pode ver, a Aceitação de Credenciais concede ao seu parceiro o benefício da dúvida. Sentindo que você não o está acusando, ele já não vai precisar se defender. Se ainda estiver pensando: "Meu marido sabe muito bem que aquilo que faz me incomoda. Conceder-lhe o benefício da dúvida seria uma mentira das grossas" ou "Eu já lhe disse mais de mil vezes o que me incomoda", lembre-se de que você não pode dizer com segurança absoluta que ele já tenha ouvido o que você disse. Até há pouco tempo, a ativação crônica do SNA o deixava surdo às suas palavras.

Se ainda estiver cética, você tem a minha permissão para manter suas dúvidas. Na verdade, acredite, se for esse o seu desejo, que a Aceitação de Credenciais não vai alterar coisa alguma. Use-a mesmo assim e observe os séculos de cera que vão se dissolver nos ouvidos dele.

Uma vez que ele se disponha a ouvir, você poderá apresentar o seu problema.

Apresentação do Seu Problema: A Fórmula X, Y

A maneira adequada de apresentar o seu problema consiste em usar a Fórmula X, Y, que se compõe da descrição do comportamento incômodo do seu parceiro e da afirmação de como esse comportamento faz você se sentir: "Quando você faz *x*, eu sinto *y*."

Observe que eu lhe avisei para se concentrar no comportamento que a deixa irritada. Concentrando-se no *comportamento* de seu marido, em vez de na pessoa dele, você estará protegendo o ego dele e impedindo a ativação do SNA.

Também se pode inverter a ordem da Fórmula X,Y e dizer: "Senti *y* quando você disse ou fez *x*." Com base no conhecimento que tem do seu parceiro, você vai precisar decidir se ele reage melhor se você começar com uma descrição do que você sente em vez de descrever o comportamento incômodo dele.

Tenha em mente que, quando você diz "sinto", um parceiro muito defensivo se mostra inclinado a lhe devolver as suas palavras: "Pois é, foi assim que você se sentiu. O problema é então seu, não meu!" A tradução disso é: "Não me culpe, meu ego é frágil demais para tolerar estar errado." Se o seu parceiro exibir esse grau de defensividade, pode ter certeza de que o ego dele precisa ser tratado com luvas de pelica. E não se deixe enganar: mesmo que seja fisicamente o Super-Homem, ele pode de fato ser uma ratinha Minnie emocional. O desafio passa a ser então como evitar que um parceiro frágil estoure a junta de vedação emocional. Há esperança. Além do efeito tranquilizador da Aceitação de Credenciais, há ainda outra técnica que vai ajudar o seu parceiro a aceitar sua Declaração do Problema.

☞ EVITE A PALAVRA VOCÊ

Quando ouve "*Você* fez *x, y* ou *z*", o cônjuge frágil sente que há um dedo sendo apontado para o seu ego, e você sabe o que isso significa. Você pode tirar o ego dele da linha de tiro reorganizando a Fórmula X, Y de modo a não dizer de maneira alguma a palavra *você*. Por exemplo: "Sinto *x*... quando ocorre isso e aquilo" ou "Sinto *x*... quando me dizem (ou me fazem) isso e aquilo."

Agora Prepare a Sugestão para o Futuro

A Declaração do Problema só estará completa quando você adicionar a sua Sugestão para o Futuro. Lembre-se de que os homens se sentem perdidos para traduzir os sinais de sofrimento que você exibe em soluções concretas. Sem a sua sugestão de como ele pode melhorar as coisas ou agradá-la no futuro, ele vai se sentir mergulhando num mar de queixas. A sua Sugestão para o Futuro apela ao lado concreto, orientado para a meta, do homem, o lado que diz: "Diga-me o que é para fazer e eu farei."

A aquisição da capacidade de elaborar uma clara Sugestão para o Futuro é difícil para muitas mulheres porque, como afirmei, é bem mais fácil dizer o que o marido fez de errado do que formular uma frase clara e concisa sobre o comportamento que preferem que ele tenha.

Essa incapacidade muitas vezes advém de uma arraigada resistência da mulher a dizer o que precisa dizer. Esse desejo costuma ser expresso por frases como "Se eu tiver de dizer ao meu marido o que quero, não vale a pena" ou "Se me amasse, ele saberia o que quero". Como eu disse no Capítulo 8, esse desejo decorre de uma presença materna insuficiente ou inexistente no começo da vida. Você precisa se recordar de que não há cônjuge capaz de compensar essas deficiências iniciais. Em conseqüência, não se esqueça de que, se deseja permanecer infeliz, você deve ficar esperando que ele adivinhe todas as suas necessidades. E aproveite para esperar que nasçam seios nele – a probabilidade de uma ou de outra coisa acontecer é a mesma.

A razão pela qual você pode achar difícil elaborar uma concisa Sugestão para o Futuro é que, como sabe, a socialização das mulheres não as prepara para falar em termos concretos, orientados para a meta. Isso explica por que você com certeza julga mais fácil dizer "Seja gentil comigo" (afirmação vaga e de caráter geral) do que "Eu me sentiria especial se você me convidasse para jantar na sexta à noite". Ou dizer "Você já não me dá atenção" (afirmação vaga, geral, crítica e queixosa) em vez de "Eu gostaria que você se sentasse perto de mim e me escutasse quando falo". Para que a sua Declaração do Problema seja eficaz, você vai precisar falar mais à maneira masculina e dizer diretamente qual mudança de comportamento você quer que ocorra.

Forme um Todo com os Passos Anteriores

Quando todos esses passos estiverem moldados de modo a formar uma totalidade, a maneira pela qual você vai apresentar o seu problema ao seu parceiro seguirá mais ou menos o roteiro abaixo.

Quebra-Gelo

"Querido, você tem algum tempo para falar comigo?" (Resposta: Sim).

Frase Preparatória

"Sei que você tem se esforçado muito em trabalhar comigo na resolução dos nossos conflitos e quero dizer que seu empenho me agrada muito."

A Aceitação de Credenciais

"Sei que você não percebeu que eu ia ficar contrariada, mas..."

Apresentação do Seu Problema: a Fórmula X, Y

"Quando me acontece x (evite a palavra você), eu sinto y."

Você pode inverter a ordem e falar primeiro do que sente, descrevendo depois o comportamento.

"Sinto x quando me dizem (fazem) y." (Evite a palavra você)

Acrescente a Sugestão para o Futuro

"Mas, no futuro, eu me sentiria muito feliz se você fizesse ou dissesse x."

Talvez você considere artificial e pouco espontâneo planejar o que vai dizer. Essa avaliação é correta. Mas eu quero que você se envolva com esse processo incômodo e o pratique, porque ele a protege da tendência a disparar a falar antes de avaliar o efeito que podem ter as palavras. Não desejamos que o seu parceiro se vá embora antes de a discussão começar.

Você ainda tem uma última tarefa de Auto-Exame a realizar: determinar se o problema com o qual está às voltas é ou não uma coisa negociável. Lembre-se de que Estados Emocionais, Conflitos de Valores e a violação de Leis Conjugais são inegociáveis. Releia o capítulo anterior para refrescar a sua memória sobre a distinção entre coisas negociáveis e coisas inegociáveis.

♥ ♥ ♥

Agora que completou as tarefas do Auto-Exame, você está pronta para iniciar a discussão de seu conflito, a começar pela enunciação do Quebra-Gelo. Mas antes de você quebrar o gelo, assegure-se de que o seu marido está disponível.

Bata antes de Entrar

Se você bater na porta psicológica do seu parceiro, em vez de entrar sem aviso, ele vai se mostrar mais compreensivo. Uma excelente forma de bater consiste em perguntar: "Você pode me dar uns momentos?" ou "Você está ocupado agora?" Se o seu parceiro disser que você pode continuar, diga imediatamente o Quebra-Gelo.

Depois que você usou um Quebra-Gelo vitorioso, podem acontecer algumas coisas. Você talvez perceba relutância (na verdade, é mais terror) da parte de seu marido em concordar em falar mais com você. Lembre-se de que "discussões" anteriores já o fizeram correr em busca de abrigo, de modo que, se você perceber que ele não está dançando de alegria, trata-se apenas da voz da experiência passada. Se ele não parecer disposto a conversar, você pode dizer: "Bem, não pretendo arrancar sua cabeça. Preciso apenas de sua opinião sobre um problema."

Quando usar o Quebra-Gelo, você tem de estar preparada para a possibilidade de o seu parceiro não sinalizar com a luz verde para que você continue nesse momento. Nesse caso, é preciso marcar uma discussão para mais tarde – idealmente no mesmo dia.

Você também terá de aceitar um adiamento se o seu companheiro mostrar-se demasiado defensivo para continuar. Isso vai exigir de você a reconsideração de sua abordagem e procurá-lo depois.

Se, por alguma razão, sua conversa for adiada, vocês precisarão marcar uma hora, uma data e um lugar exatos (exceto o quarto ou qualquer outro lugar no qual vocês pratiquem sexo).

Se disser que prefere conversar mais tarde, o seu parceiro ainda pode querer elementos acerca do que vocês irão discutir. Conhecendo o seu parceiro como conhece, você tem de decidir se é melhor dar-lhe alguma indicação a respeito do que a incomoda, mesmo que só mais tarde vocês venham a discutir o assunto.

Para alguns maridos, saber qual a natureza do problema antes de a discussão acontecer funciona muito bem. Isso lhes dará a sensação de que estão no controle, permitirá que digiram o choque inicial, reduzirá o seu medo do desconhecido e até lhes proporcionará um intervalo de tempo para que comecem a refletir sobre o problema. Afinal, a maioria dos homens gosta de resolver seus problemas por si mesmos.

Nessa mesma linha, não saber o que mais tarde será discutido pode fazer o seu marido sentir-se como uma criança levada ao gabinete do diretor para ser repreendida por alguma infração desconhecida. Se o seu companheiro foi muito castigado quando criança, não lhe dizer qual é o problema e fazê-lo esperar até depois pode transformar você, na mente inconsciente dele, numa figura de autoridade. Se ocorrerem essas associações, a ativação do SNA irá ao ponto máximo, e você pode dar adeus à sua conversa. No caso de cônjuges desse tipo, aludir ao tema antes da discussão pode ser útil.

A desvantagem de dar ao seu marido indicações sobre o objeto da discussão com antecedência é que você talvez desencadeie nele uma reação defensiva e não disponha de tempo para tratar dela no momento.

Outro perigo do fornecimento de muitas informações de antemão reside no fato de que ele fique ansioso com a idéia de que venha a ocorrer um confronto (especialmente se a sua primeira abordagem o tiver agitado), com sua ativação do SNA chegando a altos níveis e ele se retraindo antes de vocês chegarem à mesa de negociação.

No caso de outros maridos, saber antes qual é o objeto da discussão pode fazer tudo malograr espetacularmente. Logo, você precisa decidir se é ou não melhor deixar o problema vago até o momento combinado para conversar. Se você decidir que é melhor deixar, apenas desvie perguntas "de que se trata?" dizendo: "Meu bem, não quero apressar as coisas. Pedirei sua opinião depois, quando tivermos mais tempo." Assegure-se de manter a atmosfera leve e tranqüila quando disser isso; do contrário, seu parceiro vai ficar ansioso nesse intervalo de tempo até vocês se sentarem para conversar. Nesse caso, não haverá conversa.

Se o seu marido engolir a isca e concordar em falar imediatamente, passe à Frase Preparatória e à Declaração do Problema. Volto a lembrá-la de que a Declaração do Problema abre a porta para a discussão do seu conflito e para possíveis negociações; assim, você precisa estar certa de que o seu trabalho de Auto-Exame está completo antes de fazer a Declaração do Problema.

Você também precisará dominar a seção a seguir antes de fazer a sua Declaração do Problema. Do contrário, a discussão ficará incompleta.

Mudança de Posição: Torne-se Supervisora da Discussão

Tendo formulado a Declaração do Problema, esteja preparada para fazer uma mudança de papéis imediata, de 180 graus, passando de parte que confronta a supervisora de discussão. Tenha em mente que mesmo fazendo uma perfeita Declaração do Problema, a sua discussão ainda pode se desencaminhar. A tarefa de supervisora consiste em manter o dedo no pulso emocional do seu companheiro, atenta para sinais de ativação do SNA, e garantir que a sua discussão não saia dos trilhos.

Não se esqueça de ouvir e de observar os aspectos verbal e não-verbal do comportamento do seu marido. Ele começa a se justificar (indício verbal)? Está evitando olhar de frente para você (indício não-verbal)? Apresento a seguir uma relação de itens a verificar que se destina a refrescar a sua memória com relação aos sinais de uma escalada da ativação do SNA.

Indícios Não-Verbais

A voz dele começa a se elevar.
Ele parece estar com febre (está suando), está com o rosto vermelho ou respira pesadamente.
Começa a apresentar os sinais preliminares do comportamento de retrai-

mento: olhar perdido e sem expressão, afastamento, evitação do contato ocular ou parece não estar ouvindo, está calado ou parece abatido.
Ele parece pronto a sair depressa da sala.

Indícios Verbais
Ele começa a se justificar ou a se defender, recusa-se a aceitar responsabilidades ou se desculpa.
Ele está contra-atacando por meio de acusações a você.
Ele começa a se repetir.

Se observar qualquer dos indícios acima de ativação do SNA, você terá de aplicar imediatamente aquilo que chamo de Primeiros Socorros, para que seu esforço não malogre. O objetivo dos seus esforços de recuperação consiste em fazer voltar ao normal os pêlos eriçados do seu parceiro usando várias técnicas de Esfriamento ou de redução da intensidade dos conflitos.

Primeiros Socorros

Hora de Evocar a História Pregressa

Uma maneira de fazer seu marido voltar ao estado normal é Evocar a História Pregressa. Não pretendo dizer com isso que você deva trazer à tona problemas anteriores que envolveram vocês, pois isso só serviria para pôr mais lenha na fogueira. Refiro-me ao fato de que pode ser útil dizer a seu parceiro que o atual conflito reabriu em você Velhas Cicatrizes. Esta técnica é eficaz por duas razões: ela desperta imediatamente a empatia da parte do seu companheiro porque ele pode ver a criança sofredora que há em você; além disso, falar de sofrimentos que vêm de um período no qual ele não tinha entrado em cena desvia o foco do ego dele, o que cancela a ativação do SNA e as reações de retraimento.

Exemplo
"Quando você me diz que nunca podemos ir jantar fora e fim de conversa, lembro-me do meu pai, que nunca me deixava apresentar o meu ponto de vista. Eu ficava muito magoada e frustrada quando papai fazia isso comigo."

Acentue a Mágoa de Preferência à Raiva

Outra maneira de esfriar o clima consiste em ter como foco os seus sentimentos de mágoa. Isso deverá ajudar o seu parceiro a ser mais receptivo e menos defensivo.

Perguntas de Esfriamento para Serenar o Ambiente Quando o Parceiro Está Perdendo a Calma

Presumindo que a ativação do SNA do seu companheiro não esteja num grau incontrolável, as perguntas de Esfriamento a seguir podem conseguir equilibrá-lo.

"Está claro que eu não expliquei direito. Você pode me ajudar a alterar o que eu disse de uma maneira que lhe pareça melhor?"
"Acho que você está se sentindo atacado por mim. Mas não é essa a minha intenção. Você pode me dizer em que ponto eu errei?"
"Seria possível você me sugerir uma maneira de falar que não o ofenda?"

Há ainda as técnicas de Primeiros Socorros a seguir, todas elas criadas com o objetivo de tratar impasses específicos que podem surgir nas discussões. O objetivo, em todos esses casos, permanece o mesmo: reforçar um ego prestes a desabar e evitar com isso a ativação do SNA.

O Marido Se Desculpa, Se Defende ou Se Justifica

Quando começa a enumerar todas as razões pelas quais fez o que fez, o seu companheiro está se sentindo, evidentemente, acusado ou atacado. Seu ego precisa de ajuda, pois do contrário ele vai a qualquer momento cruzar a soleira da porta. Reação: "Não estou dizendo que você quis intencionalmente magoar [ou qualquer outro sentimento]... Digo somente como me sinto" ou "Estou apenas dizendo a você o que o seu comportamento provocou em mim".

Quando Ele Diz "E Onde Ficam os Meus Sentimentos?"

Você, o cônjuge que promove o confronto, deve ser ouvida e completamente entendida antes de o seu parceiro tomar a palavra para apresentar o que pensa e sente. Denomino isso Via Preferencial Emocional. Os cônjuges com problemas conjugais estão de tal maneira acostumados a não ser ouvidos que têm grandes dificuldades para aguardar a sua vez de falar. Isso explica por que o seu marido vai exigir que você o deixe falar antes de você ter acabado de falar. ("Você está triste ou descontrolada... E como você acha que eu me sinto?" ou "Você quer que eu ouça os seus problemas; mas os meus, como ficam?").

Quando sente que a sua fala foi cortada, sua reação natural será interromper o parceiro, o que vai dar uma contribuição adicional à sensação que ele tem de não ser escutado. Embora você seja o cônjuge que promoveu o confronto e esteja por isso na Via Preferencial Emocional, você precisa pensar no seu objetivo mais amplo: salvar a negociação.

Nesse ponto, são duas as suas maneiras de proceder. Uma delas consiste em dizer ao seu parceiro: "Claro que me interesso pelos seus sentimentos. Poderíamos terminar de falar de mim e voltar a falar de você?" A admissão de que você se interessa pelos sentimentos dele costuma ajudar a discussão a voltar aos trilhos. Mas se isso não acontecer, só há outra opção: trate dos sentimentos dele, deixe-o falar, use as capacidades de escuta que adquiriu e mostre-lhe que compreende os sentimentos dele. Quando ele se sentir emocionalmente compreendido, você terá condições de voltar à discusão original.

Interrupções

Este impasse da discussão assemelha-se ao anterior. Quando seu marido a interrompe, seja qual for o motivo, você precisa saber que ele está se sentindo atacado ou na defensiva. Nessas circunstâncias, devem soar para você as sirenas de alerta: a ativação do SNA está tendo incrementos. Você tem de esfriar o clima – e com rapidez! Reação: "Isso que você disse é importante. Podemos voltar a falar disso quando terminarmos o outro assunto?" Duas outras alternativas são: "Acho que você está se sentindo atacado por mim... Como devo falar com você de uma maneira que não o deixe irritado?" ou "Você está me interrompendo porque sente que eu não escuto o que você diz?"

Você Não Deve Se Sentir Assim

Como eu já disse, uma vez que se sentem responsáveis pela felicidade de suas mulheres, os homens julgam ser dever deles salvá-las quando elas estão irritadas. E isso faz que o seu marido procure afastá-la de seus sentimentos por meio da conversa. ("Não se deixe levar por isso" ou "Isso não é um problema tão grande assim" ou então "Você está hipersensível".) Uma boa resposta é: "Eu sei que você não gosta de deixar os sentimentos no ar. Se você me escutar e me compreender, os meus sentimentos vão se acalmar mais rapidamente."

Se você sentir que o seu parceiro está tentando afastar seus sentimentos porque se sente culpado por tê-la magoado, a resposta a seguir é a ideal: "Eu acho que você está se sentindo culpado e quero que saiba que compreendo que não foi sua intenção me magoar. Se simplesmente me compreender agora, você vai me ajudar a ficar bem."

Acusar Você Para Melhor se Defender

Seu parceiro tenta proteger o próprio ego dizendo: "Não sou um mau-caráter. Você também erra." Reação: "Você tem razão. Mas não seria melhor terminar o que começamos e, depois, analisar os meus erros?"

Recusa a Aceitar a Responsabilidade

Quando o ego do seu companheiro entra em erosão, aceitar a responsabilidade por ter criado problemas para você equivale a admitir que ele é um fracasso. Reação: "Sei que você não queria me magoar [ou outro sentimento] quando fez x, y ou z. Cometer um erro não significa nunca acertar. E estamos falando de um único caso." Ou você pode dizer: "Se me quebram o pé por acidente ou de propósito, a dor é a mesma. Por isso, preciso que você compreenda meus sentimentos feridos mesmo que você não tenha tido a intenção de feri-los."

Outro possível obstáculo à aceitação da responsabilidade vem do medo da vulnerabilidade. Seu marido talvez tenha medo de que a admissão de "culpa" seja usada contra ele. Se você suspeitar que é esse o caso, a fala a seguir é oportuna: "Sua admissão de que fez algo que me magoou não me autoriza a me vingar de você nem a condená-lo pelo resto da vida."

Repetir o Que Disse

Observou-se que os casais com problemas conjugais resumem e reafirmam o que disseram no decorrer da discussão. Quando não estão sendo escutados um pelo outro, os cônjuges se repetem com a esperança de finalmente ser ouvidos. Se você perceber que o seu marido começa a se repetir, é hora de prestar muita atenção no que ele diz. E você tem de agir rápido, porque não se sentir escutado é a isca da ativação do SNA. Você pode dizer algo parecido com "Eu percebi que você já falou isso duas vezes. Você acha que eu não ouvi o que você disse?" Ou "Eu obviamente não deixei claro que estou ouvindo e entendendo o que você diz. Deixe-me dizer o que acho que você disse e me corrija se eu estiver errada."

Se Tudo Fracassar, Cancele a Missão

Se a ativação do SNA do seu parceiro o deixar fora de controle, talvez seja impossível fazer a discussão voltar aos trilhos. Se não conseguir esfriar o clima apesar das técnicas de Primeiros Socorros descritas acima, cancele a discussão e adie-a. Use esse intervalo para analisar o que saiu errado na discussão. Pergunte ao seu parceiro o que ele acha que causou o fracasso da discussão usando as perguntas de Esfriamento mencionadas anteriormente. E use o seu conhecimento acumulado para voltar a abordá-lo de outra maneira.

♥ ♥ ♥

Suponhamos que a sua discussão tenha progredido bem, exceto por um problema: seu pedido de mudança não foi recebido de braços abertos e você está bem longe de uma solução para a questão que abordou. O que fazer nessas circunstâncias?

Hora de Negociar

Estamos finalmente prontas para discutir as situações nas quais é aconselhável negociar um contrato. Se eu lhe pedisse uma definição do objetivo da negociação, aposto que você se referiria a alguma coisa parecida com "chegar a um compromisso" ou "aceitar que cada qual faça 50 por cento". Você não é a única a supor que negociação seja sinônimo de compromisso. Na realidade, quase todos os conselheiros matrimoniais, pastores e mediadores recomendam aos casais com problemas conjugais a "cortar a maçã pela metade"; mas quem em sã consciência vai querer a metade da maçã conjugal? O compromisso deixa por sua própria natureza as duas partes insatisfeitas e, por esse motivo, raramente produz os resultados desejados. É provável que isso explique por que os casais abordam o processo de negociação com o mesmo entusiasmo com que encaram um tratamento de canal dentário. Bem, pare de rilhar os dentes. Não estou lhe pedindo um compromisso. O que estamos procurando é a colaboração.

A colaboração, em contraste com o compromisso, é um processo ativo no qual as duas partes se põem a pensar em conjunto e concebem uma solução criativa e específica para o seu conflito. Ainda que esse método requeira um pouco mais de esforço, você vai descobrir que ele produz melhores resultados de negociação e uma maior satisfação conjugal. Por esses motivos, vale bem o esforço adicional.

Como Criar um Contrato Promissor

Há alguns elementos que compõem um bom contrato conjugal.

Seja Amiga

Para negociar um contrato que funcione, você tem de jogar no lixo suas armas e munições e abordar o seu companheiro da perspectiva de um pai cuidadoso ou de um amigo.

Seja Clara e Específica

Para criar um contrato promissor, você precisará deixar claros os detalhes específicos do seu contrato, incluindo datas, momentos, locais, freqüências e qualquer outra coisa que você possa imaginar. Além disso, você não poderá de modo algum deixar de definir com clareza as mudanças de comportamento postas no contrato. Por exemplo, "Prometo ser delicado(a) com você" é vago e geral. Seu contrato precisa, em vez disso, de indicar comportamentos observáveis e específicos: "Prometo dedicar todas as noites dez minutos exclusivamente a você."

Preveja Mudanças Positivas

Se as mudanças de comportamento que vocês esperam forem formuladas de modo positivo, ao invés de negativo, é mais provável que você e o seu parceiro fiquem satisfeitos com o seu contrato. Registrar o que vocês esperam um do outro permite-lhes concentrar as energias no atendimento das respectivas necessidades. Mas se o seu contrato for elaborado num sentido negativo ("Não vou fazer x"), toda a atenção de vocês vai ser dirigida em não lançar granadas um no outro. Embora possa conseguir um cessar-fogo, vocês não conseguirão atender às necessidades um do outro nem resolver os seus conflitos.

Contratos Viáveis

Quantas vezes você viu fracassarem as resoluções de Ano Novo? Perderei 4 milhões de quilos até amanhã e correrei 16 mil quilômetros duas vezes ao dia. Você sabe que os seres humanos fixam para si mesmos metas inviáveis com o único objetivo de fracassar. Logo, assegure-se de que as mudanças de comportamento incluídas no contrato sejam pequenas e viáveis. Sempre é possível ir expandindo o contrato em futuras negociações.

O Contrato Não Será Gravado na Pedra

Se forem considerados irrevogáveis, os seus contratos estarão fadados ao fracasso. Porque um de vocês, ou os dois, vai relutar em fazer um acordo com medo de que não seja possível um recuo – mesmo que o contrato não funcione. Nunca se deve considerar um contrato irrevogável. Não se preocupe com o fato de oferecer ao seu cônjuge uma cláusula que lhe permita furtar-se a cumprir o acordo. Lembre-se de que os seus compromissos anteriores não foram cumpridos por causa de negociações ineficientes ou da ativação crônica do SNA, e de nada mais.

Não Vou Reprimir Você

Se seu companheiro foi reprimido em seus anos de formação, ele vai equiparar inconscientemente negociação com "submissão" ou "derrota", o que vai levá-lo a um comportamento extremamente defensivo e não-cooperativo. Seu parceiro precisa saber que você não pretende empurrar-lhe garganta abaixo as ordens do dia. Quando lhe transmite essa mensagem, você se torna uma fonte de segurança, não de perigo. E, nessa atmosfera, você e ele se sentem protegidos para negociar.

Peça a Opinião Dele

A melhor maneira de demonstrar que você não pretende reduzir seu parceiro ao silêncio é pedir a opinião dele no tocante a possíveis soluções. Fazer isso deixa que ele conduza o processo e torna você antes uma amiga do que uma mãe controladora. Vocês devem também se precaver de uma possível complicação: se um dos pais (ou ambos) do seu marido sempre lhe disse o que fazer, ele pode induzir você a fornecer todas as sugestões de solução. E, se você aceitar esse papel, ele poderá ver em você o genitor autoritário, situação na qual há o risco de que ele venha a sabotar o contrato. Assim, lembre-se de pedir ao seu cônjuge sugestões de resolução do seu problema. Depois que todas as opções tiverem sido apresentadas, discutam exaustivamente cada uma delas. Examinem como cada um de vocês se sentirá caso a solução x, em vez da solução y, for adotada. O segredo aqui é que você está pedindo a opinião de seu parceiro, não fazendo imposições a um inimigo.

Reciprocidade

Para que o seu contrato seja bem-sucedido, você tem de se lembrar de uma palavra-chave: reciprocidade. Se as negociações beneficiarem só um lado, delas resultando um contrato unilateral, o fracasso é certo. Contratos unilaterais deixam a pessoa que precisa mudar na mesma situação de uma criança repreendida cujos pais obrigam a se comportar. Disso decorrem ressentimentos e a sabotagem do contrato. Não basta que vocês dois contribuam igualitariamente para a criação do contrato; é preciso ainda que o contrato estabeleça as mudanças que serão postas em prática pelos dois.

O Contrato Quid Pro Quo

Agora que você conhece os requisitos básicos de um bom contrato, vamos discutir a forma mais popular de contrato conjugal, o Contrato *Quid Pro Quo*. Esse tipo de contrato gera os melhores resultados dada a sua inerente reciprocidade. Nele, os dois parceiros concordam em alterar o próprio comportamento. Por exemplo, eu prometo lembrá-lo uma vez, e só uma vez, de ajudar Johnny a fazer a tarefa de casa. Em troca do fato de eu não ficar repetindo o lembrete, você concorda em ajudar Johnny meia-hora por noite.

O benefício desse tipo de contrato – sua reciprocidade – é também o seu ponto fraco: como se espera que ambos os parceiros mudem de comportamento, pode ocorrer a contagem de pontos ("Cumpri a minha parte do acordo três vezes e você fez o que lhe cabia uma só vez.") Se você ou o seu parceiro se inclinam a fazer a contagem de pontos, tenha muito cuidado. Nesse caso, seria muito melhor formular o contrato em termos de "Estou fazendo esta mudança porque amo você e desejo manter o relacionamento".

Apresento a seguir o exemplo de um bom contrato: "Nas próximas três semanas, concordo em lavar a louça na segunda, na quarta e na sexta à noite para que você possa estudar. Você concorda em cuidar das crianças nas noites de terça e quinta, das sete às nove, e, nas manhãs de domingo, das oito às dez, de modo que eu possa ir à minha aeróbica. Concordamos em nos reunir no dia 9 de novembro ao meio-dia para avaliar o sucesso deste contrato."

Registre o Acordo por Escrito

Para não dar margem a confusões, o melhor a fazer é registrar seus contratos por escrito e deixá-los à vista de todos. Fazer isso dá um certo ar comercial ao casamento. A alguns casais isso agrada, e a outros não. A vantagem óbvia de um contrato escrito é que fica mais difícil fugir dos seus termos. Por outro lado, se o seu marido se sentia controlado quando criança, ver-se obrigado a escrever um contrato pode dar-lhe a sensação de que está sendo pressionado, o que talvez leve à sabotagem do contrato. Logo, em vez de obrigar o seu cônjuge a fazer um contrato escrito, discuta com ele os prós e os contras disso. Como o contrato envolve reciprocidade, e ambas as partes prometem mudar de comportamento, pode ser que o seu companheiro não relute demais em registrá-lo no papel. Lembre-se que o contrato escrito se aplica tanto a ele como a você.

Como Vamos Saber se o Contrato Deu Certo?

No corpo do contrato, vocês dois precisam estabelecer os critérios pelos quais vão avaliá-lo. Serão os sentimentos o guia – isto é, "O contrato me agrada; o que você acha?"? Vocês vão julgar o contrato com base na facilidade de uso? Cabe a vocês dois a decisão. Se decidiram escrever o contrato, vocês vão incluir no corpo dele os critérios de seu sucesso ou malogro.

Quando Vamos Renegociar o Contrato?

O elemento final do contrato é uma cláusula sobre a renegociação. Vocês devem determinar juntos a data, a hora e o lugar em que vão se reunir para discutir se o contrato foi ou não bem-sucedido. Se um ou ambos decidiram que o contrato requer renegociação, vocês farão isso na reunião marcada. Se resolveram escrever o contrato, incluam a data de revisão. Na reunião de revisão, esteja preparada para conduzir uma nova negociação de acordo com os mesmos passos descritos anteriormente.

Como Resolver um Impasse Comum nas Negociações

As Contrapropostas Intermináveis

Quando negociam, os casais muitas vezes caem numa teia de contrapropostas. (A "síndrome do eu proponho *x*, então você propõe *y*".) Diante dessa ocorrência, vocês acharão impossível "fechar" o acordo. As contrapropostas intermináveis surgem quando faltam no seu contrato elementos essenciais. Por exemplo, se o contrato é unilateral, em vez de recíproco, o cônjuge que está sendo levado a aceitá-lo resiste a concluir a negociação porque as suas idéias não foram levadas em consideração.

A apresentação interminável de contrapropostas também esconde sentimentos não-verbalizados. Por exemplo, a resistência a fechar o acordo talvez esconda o medo de mudar ou o receio de que produzir uma reviravolta só piore as coisas no casamento. Esses temores são a fachada de um medo mais profundo, o de ficar desapontado – se chegarmos a um acordo e o meu cônjuge não o cumprir, ficarei magoado.

Sempre que surgem contrapropostas, é bom examinar o que pensa seu parceiro com relação ao significado do impasse. Também é imperativo que vocês dois usem as suas capacidades de escuta para compreender totalmente os sentimentos e objeções relativos a todas as propostas apresentadas. Escutar os sentimentos um do outro costuma ser suficiente para fazer a discussão avançar.

Alguns Exemplos de Negociação

Vou lhe fornecer alguns exemplos de como vários casais negociaram a resolução de seus conflitos. Em cada exemplo, vou concentrar a atenção no impasse específico da negociação e mostrar de que maneira o casal o dissolveu.

Exemplo Um

Impasse na negociação: a declaração mal-construída do problema leva ao cancelamento da discussão

Ester ficava incomodada porque o marido sempre se apressava nas relações sexuais. Ela lhe dissera muitas vezes: "Já vi animais esperar mais tempo!" Dissesse ou fizesse o que fosse, Ester não conseguia se fazer entender pelo marido, Pierre. Ela decidiu fazer mais uma tentativa, usando o meu método.

Ela fez o Auto-Exame e se concentrou em particular na identificação das Velhas Cicatrizes dela e do companheiro. Ester percebeu que a recusa do marido em passar mais tempo com ela a fazia sentir-se não amada, tal como se sentira quando criança. E, no tocante a Pierre, ela se recordou de que ele nunca se sentira à altura das expectativas dos pais. Ela se deu conta então de por que ele parecia tão sensível quando ela tentava falar do problema sexual dos dois.

Ela completou as outras tarefas do Auto-Exame e então pediu para falar com ele.

Ela usou o Quebra-Gelo "Você pode me dar um minuto?" Ele estava calculando os impostos e a encarou com relutância. (Ela se esquecera de Bater Antes de Entrar e o abordara quando ele estava ocupado. Primeiro erro.)

Em seguida, ela usou a Frase Preparatória "Sei que você detesta falar sobre o que eu vou dizer." (Trata-se de uma frase que revela compreensão, mas não tem o caráter de afirmação positiva e que dá apoio.)

Ela disse a frase de Aceitação de Credenciais "E imagino que você não teve a intenção de me incomodar, mas ..." (A palavra "imagino" deu a impressão de que ela não tinha certeza, fazendo a frase ser recebida como um ataque – "talvez você *de fato* tivesse a intenção de me incomodar".)

Veio em seguida a Apresentação do Seu Problema (a Fórmula X, Y): "Mas quando você se apressa na cama, eu sinto que não sou amada." (Ela usou a palavra "você", que aumentou a sensação do marido de que estava sendo atacado.)

E Ester acrescentou sua Sugestão para o Futuro: "Eu gostaria que você deixasse de se apressar tanto." (A sugestão foi apresentada de modo negativo e atacou Pierre indiretamente por se apressar.)

Pierre se levantou de um salto e saiu da sala como um furacão.

"Droga! Acho que estraguei tudo", disse ela a si mesma.

Ela foi atrás dele e aplicou os Primeiros Socorros dizendo: "Acho que fiz você ficar na defensiva. Diga por favor em que eu errei."

Ele esclareceu e ela disse que ia reformular a maneira de falar. Eles combinaram conversar mais tarde naquele mesmo dia.

Quando voltou a abordá-lo, eis o que Ester fez:

Ela se assegurou de Bater Antes de Entrar ao dizer: "Querido, você está ocupado?" (Ele lhe disse que prosseguisse.)

Ela "pulou" o Quebra-Gelo (ele já sabia da existência de um problema).

Ela usou então sua nova Frase Preparatória, melhor elaborada do que a anterior: "Sei que você se sentia diminuído pelos seus pais, e isso é a última coisa que eu quero que sinta comigo." (Ela mencionou a Velha Cicatriz dele e se colocou na posição de sua amiga e aliada.)

Ela então usou a Aceitação de Credenciais: "Sei que você não percebe o efeito que causa em mim... mas", a que se seguiu a Apresentação do seu Problema (a Fórmula X, Y), "quando a relação é rápida demais, eu me sinto indesejada." (Ela omitiu a palavra "você" e usou uma frase neutra.)

Por fim, ela fez a sua Sugestão para o Futuro: "Quero muito passar mais tempo na intimidade com você e aceito suas sugestões sobre como podemos tornar isso possível." (A sugestão é apresentada de forma positiva e dá espaço para a contribuição do marido.)

A nova abordagem de Ester ajudou Pierre a continuar discutindo até eles chegarem a uma resolução.

Exemplo Dois

Impasse da negociação: o marido fica na defensiva depois de feita a declaração do problema

Marian e Ed estão no quarto envolvidos na batalha das ceroulas. Toda noite, Ed joga a cueca ao lado da cama, onde ela fica durante dias. A história mostrou a Marian que o monte de roupas de baixo ultrapassa o Monte Rushmore se ela não tomar a providência de recolhê-las.

Marian começou pelas tarefas do Auto-Exame. Concentrou-se em primeiro lugar nas suas Velhas Cicatrizes e nas de seu marido e percebeu que ficava tão irritada com ele porque fora tratada como criada na sua família de origem. Ela também registrou o fato de a mãe de Ed ser autoritária e controladora. Assim, ao preparar as palavras que desencadeariam a discussão, ela fez um esforço especial para que ele não se sentisse reduzido ao silêncio.

Seu Quebra-Gelo, sua Frase Preparatória e sua Declaração do Problema foram as seguintes:

Quebra-Gelo: "Querido, preciso de um conselho seu sobre uma coisa. Você tem algum tempo para falar comigo agora?"

Frase Preparatória: "Você sabe que eu gosto muito de sua capacidade de resolver problemas, e precisamos aproveitá-la agora."

Aceitação de Credenciais: "Estou certa de que você não tem a intenção de me incomodar, mas..."

Frase de Apresentação do Seu Problema (Fórmula X, Y): "Quando tenho de recolher roupas no chão, eu fico irritada da mesma maneira como ficava quando a minha família esperava que eu bancasse a criada."

Sugestão para o Futuro (Tendo em mente que Ed fica na defensiva quando alguém lhe diz o que fazer, Marian apresentou a sugestão sem fechar a questão, dando espaço para a contribuição dele.): "Eu gostaria de evitar esse conflito no futuro e preciso de suas idéias sobre como podemos agir."

Quando ela terminou, Ed disse: "Você está me dizendo que sou mal-educado?" (resposta defensiva).

Marian administrou rapidamente os Primeiros Socorros: "Querido, você não é mal-educado. Estou falando somente de como eu fico quando vejo roupa suja amontoada."

"Você espalha suas coisas pela casa inteira." (ele se defende culpando-a)

"Quanto a isso você tem razão, e talvez devamos falar depois sobre o assunto." (mais Primeiros Socorros)

Depois de Marian usar várias técnicas de Esfriamento de ânimos, Ed se acalmou.

Eles iniciaram em seguida o processo de negociação. Marian pediu primeiro a opinião de Ed. Ele disse que tarde da noite estava muito cansado para ir até o cesto na lavanderia. Ela ouviu o que ele sentia e mostrou-se compreensiva. Sentindo-se escutado, Ed fez uma sugestão: transferir o cesto de roupa suja para o banheiro do casal – para que toda noite ele pudesse colocar a roupa sem muito incômodo. Essa solução era satisfatória para os dois. Eles registraram o acordo por escrito e estabeleceram uma data de reavaliação do contrato.

Exemplo Três
Impasse da negociação: o marido se recusa a aceitar as sugestões da mulher e apresenta muitas contrapropostas

Connie correu para casa com os braços carregados: um pacote de comida chinesa e uma fita de vídeo. Doug prometera chegar em casa às sete horas. Como sempre acontecia, ele se atrasou. Perto das oito, o jantar virara uma pedra e Connie estava fervendo de raiva.

Quando fez seu Auto-Exame, Connie descobriu que por baixo de sua raiva havia sentimentos de mágoa e de terror. O pai dela, que era alcoólatra, costumava passar vários dias fora de casa e ela muitas vezes ficava assustada com a possibilidade de que ele não voltasse mais. Isso explicava por que ela tinha ficado tão irritada com o atraso de Doug. Quanto a ele, Connie sabia que a mãe costumava criticá-lo e que ela precisaria de muito tato para não abrir essa Velha Cicatriz do marido.

Tendo terminado as etapas do Auto-Exame, ela Bateu Antes de Entrar e lançou seu Quebra-Gelo: "Doug, você tem algum tempo para me ajudar a resolver um problema?"

Quando ele concordou em falar naquele momento, ela usou a Frase Preparatória: "Sei que você trabalha muito para nos sustentar."

Ela fez a Aceitação de Credenciais: "E percebo que você não se dá conta do efeito que tem em mim, mas..."

Sua Apresentação do Problema (Fórmula X, Y): "Quando fico imaginando a que horas você vai chegar, sinto-me aterrorizada, como acontecia quando meu pai desaparecia."

A Sugestão para o Futuro: "E eu me sentiria muito amada e segura se soubesse que você chegaria em casa a tempo de jantar."

De início Doug permaneceu em silêncio, mas não ficou na defensiva. Ele finalmente disse: "Entendo o que você está dizendo." Como percebeu que ele captara sua mensagem, Connie perguntou se eles podiam negociar. Ele anuiu.

Ela sugeriu que retardassem a hora de jantar para que ele tivesse certeza de poder chegar. Ele recusou essa proposta: "Não posso dizer com certeza a que horas vou chegar." Ele também fez contrapropostas que não eram compatíveis com o que Connie tinha pedido: "Em vez de atrasar o jantar, por que você não janta sozinha?" Ela fez cinco outras propostas e todas tiveram o mesmo destino.

Connie suspeitou de que essas recusas e contrapropostas eram um indício de aumento do nível de ativação do SNA. Ela decidiu fazer uma pergunta de Esfriamento: "Percebo que você está rejeitando todas as minhas idéias. Você sabe por que faz isso?"

Ele disse que as soluções dela lhe pareciam simplistas e que tinha a impressão de que ela o julgava burro demais para ter suas próprias idéias. Ela escutou, compreendeu e deixou claro a ele que tinha compreendido.

Tendo sentido que estava sendo ouvido, ele fez uma sugestão: "O motivo de eu não poder lhe dizer quando vou chegar em casa é que o trânsito no caminho é imprevisível, e você sabe que não há telefones públicos nas estradas secundárias que pego. Mas se eu comprar um telefone celular, poderei estar em contato com você o tempo inteiro."

Não houve necessidade de registrar nada no papel, nem se marcar uma renegociação. O problema estava resolvido.

♥   ♥   ♥

    Tendo lido os exemplos acima, você pode ter a impressão de que o processo de negociação é demasiado complexo ou difícil para ser posto em prática. Não tenha medo. A cada negociação que você faz, o processo vai ficando mais fácil. Se puder agüentar e negociar desta maneira nova, por mais artificial ou ridícula que lhe pareça, depois de umas seis semanas você estará completamente familiarizada com ele. Desse modo, seja paciente. Tolere as dores do crescimento emocional. Você e seu casamento vão ficar eternamente gratos por você ter conseguido.

Conclusão
Declaração de uma Trégua Permanente

Esta conclusão contém um sumário dos princípios esboçados neste livro. Uma advertência: se você está lendo esta conclusão como um atalho da leitura do texto inteiro, este livro vai se autodestruir em três segundos. Não há fórmulas rápidas nem curativos para resolver conflitos conjugais. É preciso simplesmente fazer o trabalho necessário. É preciso que você adquira as capacidades e técnicas que discuti e as pratique até que se tornem parte essencial da sua estrutura conjugal. Sei que sugiro uma coisa trabalhosa, mas os seus esforços constantes vão ser recompensados. Eu lhe prometo isso.

O que desejo que você lembre do Capítulo 1, seu primeiro passo de Esfriamento, é que os intercâmbios conjugais *exaltados* provocam a ativação do SNA e o retraimento marital. O retraimento marital resulta em interações ainda mais exaltadas, mais ativação do SNA e mais retraimento, bem como uma interminável espiral ascendente de conflito conjugal. O que importa lembrar é que as interações entre você e seu companheiro têm de ser esfriadas antes de você poder alimentar a esperança de chegar à solução de seus conflitos.

O segundo passo de Esfriamento, como expliquei, é: antes de obter o controle sobre as suas brigas, você precisa fazer uma idéia de onde está no Ciclo Vital das Brigas. A Estabilização do Conflito, ou o fenômeno do Disco Riscado, é o principal indício de que a sua briga está fora de controle.

O terceiro passo de Esfriamento consiste em identificar suas Ciladas das Brigas e suas táticas incorretas de resolução de conflitos. Você precisa se lembrar de que essas ciladas e táticas esquentam os ânimos conjugais, e de que somente depois de elas serem eliminadas pode ocorrer a resolução do conflito.

O quarto passo de Esfriamento se traduz como a resolução das batalhas sexuais crônicas; você faz isso ensinando o seu marido a atender às necessidades emocionais que você tem, compreendendo as diferenças entre a sexualidade masculina e a feminina, bem como por meio da identificação de questões de cunho não-sexual que possam estar sendo levadas para a arena sexual.

O passo de Esfriamento número cinco consiste em reconhecer que as brigas crônicas costumam ser provocadas por feridas psíquicas infantis irresolvidas – as Velhas Cicatrizes. A forma assumida pelas suas brigas fornece indícios sobre a natureza de suas Velhas Cicatrizes e acerca do tipo de cura de que você precisa. À medida que curar as Velhas Cicatrizes que perpassam o relacionamento conjugal, você estará criando as condições para a resolução dos conflitos.

O passo de Esfriamento seis consiste em treinar a sua mente para que lute a seu favor, não contra você. Um outro requisito da resolução dos conflitos é a correção das distorções cognitivas que a afetam.

O último passo de Esfriamento, o de número sete, se concretiza como a aprendizagem e o uso de Técnicas de Controle do Clima Conjugal. A natureza expressiva do papel que cabe ao sexo feminino é o elemento que desencadeia em última análise as brigas crônicas, e a única maneira de chegar a uma solução desse impasse vinculado ao papel do sexo feminino consiste em usar essas técnicas para evitar o retraimento marital.

Finalmente, você está pronta para iniciar o meu programa de resolução de conflitos. Mas é imperativo, antes disso, que você adquira boa capacidade de escuta, evite os Distúrbios da Escuta e suplante os Obstáculos à Escuta que causam esses Distúrbios – tudo isso foi discutido no Capítulo 8.

O que há de essencial a reter do Capítulo 9 é o fato de que, antes de aprender a negociar, você precisa saber quando não negociar. A negociação que tenha por objeto questões que não se prestam a ser negociadas é improdutiva e, o mais das vezes, fonte de maiores discórdias conjugais.

E, por fim, chega a hora de negociar um contrato bem-sucedido, mas apenas depois de você ter realizado todas as tarefas de Auto-Exame que descrevo e de saber de que maneira introduzir o tópico a ser discutido. Se começar de maneira errônea, a discussão estará fadada a acabar em seus primeiros estágios, o que torna impossível a resolução.

O cônjuge responsável pelo confronto também tem de se lembrar de passar ao papel de supervisor de discussão, tendo por tarefa observar com atenção indícios de ativação do SNA e manter uma discussão calma que leve a uma resolução mutuamente satisfatória do conflito.

Você finalmente alcançou a linha de chegada! Enxugue a sua testa coberta de suor. Dê um suspiro de alívio e dê em si mesma uns tapinhas nas costas. Você chegou ao fim ... e ao começo de uma nova vida e de um casamento novo. Desejo a você muita felicidade e muito amor.

Referências e Sugestões de Leitura

1. Para Compreender a Química das Brigas

Allen, J. G., e D. M. Haccoun, "Sex Differences in Emotionality: A Multidimensional Approach", *Human Relations*, nº 29, 1976, pp. 711-22.

Averill, J. R., "Studies on Anger and Aggression. Implicatons for Theories of Emotions", *American Psychologist*, 38, nº 11, 1983, pp. 1145-160.

Cannon, W. B., *Bodily Changes in Pain, Hunger, Fear and Rage: An Account of Researches into the Function of Emotional Excitement*, 2ª ed., Nova York, Appleton-Century-Crofts, 1929.

Gottman, J. M., *Marital Interaction: Experimental Investigations*, Nova York, Academic Press, 1979.

Gottman, J. M. e R. W. Levenson, "The Social Psychophysiology of Marriage", *in Perspectives on Marital Interaction*, organizado por P. Noller e M. A. Fitzpatrick, pp. 182-202, Clevedon, Avon, Inglaterra, Multilingual Matters, 1988.

Levenson, R. W. e J. Gottman, "Marital Interaction: Physiological Linkage and Affective Exchange", *Journal of Personality and Social Psychology*, nº 45, 1983, pp. 587-97.

Liberson, C. W. e W. T. Liberson, "Sex Differences in Autonomic Responses to Electric Shock", *Psychophysiology*, nº 12, 1975, pp. 182-86.

Mornell, P., *Passive Men, Wild Women*, Nova York, Ballantine Books, 1979.

Napier, A. Y., "The Rejection-Intrusion Pattern: A Central Family Dynamic", *Journal of Marriage and Family Counseling*, nº 4, 1978, pp. 5-12.

Notarius, C. I. e J. S. Johnson, "Emotional Expression in Husbands and Wives", *Journal of Marriage and The Family*, nº 44, 1982, pp. 483-89.

Notarius, C. I. e R. W. Levenson, "Expressive Tendencies and Physiological Responses to Stress", *Journal of Personality and Social Psychology*, nº 37, 1979, 1204-210.

Roberts, L. J. e L. J. Krokoff, "A Time-Series Analysis of Withdrawal, Hostility, Displeasure in Satisfied and Dissatisfied Marriages", *Journal of Marriage and the Family*, nº 52, 1990, pp. 95-105.

Turndorf, J., "Negative Affects Communication Deficits and the Demand/Withdrawal Negative Escalation Cycle: A Psycho-Physiological Causal Pathway Model", dissertação de Ph. D. em Psicologia, California Coast University, 1994.

Van Doornen, L. J. P., "Sex Differences in Physiological Reactions to Real-Life Stress and their Relationship to Psychological Variables", ensaio apresentado na 25ª Reunião Anual da Society for Psychophysiological Research, Houston, Texas, outubro de 1985.

Zillman, D., *Hostility and Aggression*, Hillsdale, Nova Jersey, Lawrence Erlbaum, 1979.

2. O Campo de Batalha Conjugal: Avalie as Suas Brigas na Escala Richter do Casamento

Ammons, P. e N. Stinnett, "The Vital Marriage: A Closer Look", *Family Relations*, nº 29, 1980, pp. 37-42.

Argyle, M. e A. Furnham, "Sources of Satisfaction and Conflict in Long Term Relationships", *Journal of Marriage and the Family*, nº 45, 1983, pp. 481-93.

Baucom, D. H. e A. N. Adams, "Assessing Communication in Marital Interaction", *in Assessment of Marital Discord*, organizado por K. D. O'Leary, Hillsdale, Nova Jersey, Lawrence Erlbaum, 1987.

Billings, A., "Conflict Resolution in Distressed and Non-Distressed Married Couples", *Journal of Consulting and Clinical Psychology*, 47, nº 2, 1979, pp. 368-76.

Boyd, L., "Interpersonal Communication Skills Differentiating More Satisfying from Less Satisfying Marital Relationships", dissertação de Ph. D., Texas A & M University, 1976.

Duck, S., *Relating to Others*, Chicago, Dorsey, 1988.

Feldman, P., "Antagonistic Marriages", *Medical Aspects of Human Sexuality*, 19, nº 11, 1985, pp. 149-63.

Gottman, J. M. e N. Silver, *Why Marriages Succeed or Fail... And How You Can Make Yours Last*, Nova York, Simon & Schuster, 1995.

Locke, H. J., *Predicting Adjustment in Marriage: A Comparison of a Divorced and a Happily Married Group*, Nova York, Henry Holt, 1951.

3. O Respeito aos Limites: Como Eliminar as Ciladas das Brigas e as Táticas Incorretas de Resolução de Conflitos

Appel, M. S.; K. A. Holroyd; e L. Gorkin, "Anger and the Etiology and Progression of Physical Illness", *in Emotions in Health and Illness: Theoretical and Research Foundations*, organizado por L. Temoshok, C. VanDyke e L. S. Zegans, Nova York, Grune and Stratton, 1983.

Berger, C. R., "Social Power and Interpersonal Communication", *in Handbook of Interpersonal Communication*, organizado por M. L. Knapp e G. R. Miller, pp. 439-99, Beverly Hills, Califórnia, Sage, 1985.

Buunk, B. e C. Schaap, "Conflict Resolution Styles Attributed to Self and Partner in Premarital Relationships", *Journal of Social Psychology*, 130, nº 6, 1990, pp. 821-23.

Carter, Betty e J. K. Peters, *Love, Honor and Negotiate: Making Your Marriage Work*, Nova York, Simon & Schuster, 1996.

Christensen, A., "Detection of Conflict Patterns in Couples", *in Understanding Major Mental Disorders: The Contribution of Family Interaction Research*, organizado por K. Halhweg e M. J. Goldstein, Nova York, Family Process Press, 1987, pp. 250-65.

Fitzpatrick, M. A., "A Typological Approach to Marital Interaction", *in Perspectives on Marital Interaction*, Clevedon, Avon, Inglaterra, Multilingual Matters, 1988, pp. 98-120.

Goldberg, M., "Patterns of Disagreement in Marriage", *Medical Aspects of Human Sexuality*, 21, nº 3, 1987, pp. 42-52.

Sullaway, M. e A. Christensen, "Assessment of Dysfuncional Interaction Patterns in Couples", *Journal of Marriage and the Family*, nº 45, 1983, pp. 653-60.

4. A "Frente Avançada" da Batalha: As Guerras dos Sexos

Balswick, J. e C. Peek, "The Inexpressive Male: A Tragedy of American Society", *The Family Coordinator*, nº 20, 1971, pp. 363-68.

Coleman, M. e L. H. Ganong, "Love and Sex Role Stereotypes: Do Macho Man and Feminine Woman Make Betters Lovers?" *Journal of Personality and Social Psychology*, nº 49, 1985, pp. 170-76.

Jourard, S. M. e P. Lasakow, "Some Factors in Self-Disclosure", *Journal of Abnormal and Social Psychology*, nº 56, 1958, pp. 91-8.

Rubin, L. B., *Intimate Strangers: Men and Women Together*, Nova York, Harper & Row, 1983.

5. Ferimentos de Guerra: Como as Mágoas da Infância Provocam o Conflito Conjugal Crônico e Como Curá-las

Bell, E. C. e R. N. Blakeney, "Personality Correlates of Conflict Resolution Modes", *Human Relations*, nº 30, 1977, pp. 849-57.

Bradshaw, J., *Homecoming: Reclaiming and Championing Your Inner Child*, Nova York, Bantam Books, 1990.

6. Como a Sua Cabeça Pode Ser o Seu Pior Inimigo e Como Treinar a Mente para Lutar a Seu Favor, e Não Contra Você

Baucom, D. H., "Attributions in Distressed Relations: How Can We Explain Them?", *in Intimate Relationships: Development, Dynamics and Deterioration*, organizado por Daniel Perlman e Steve Duck, Beverly Hills, Califórnia, Sage, 1987.

Beck, A. T., *Cognitive Therapy and Emotional Disorders*, Nova York, International Universities Press, 1976.

Borysenko, J., *Guilt Is the Teacher, Love Is the Lesson*, Nova York, Warner Books, 1990. [*Um Livro para Curar o Coração e a Alma*, publicado pela Editora Cultrix, São Paulo, 1996.]

Burns, D. D., *The Feeling Good Handbook: Using the New Mood Therapy in Everyday Life*, Nova York, William Morrow, 1989.

7. Uma Arma de Guerra: Como a Mulher Pode Usar Técnicas de "Controle do Clima" para Acabar com as Brigas Conjugais

Gottman, J. M. e L. J. Krokoff, "Marital Interaction and Satisfaction: A Longitudinal View", *Journal of Consulting and Clinical Psychology*, nº 57, 1989, pp. 47-52.

Gottman, J. M. e N. Silver, *Why Marriages Succeed or Fail... And How You Can Make Yours Last*, Nova York, Simon & Schuster, 1995.

Hendrix, H., *Getting the Love You Want*, Nova York, Henry Holt, 1988.

8. Ouvindo o Grito de Guerra: Como Usar os Ouvidos para Resolver Conflitos

Buck, R., *The Communication of Emotion*, Nova York, Guilford, 1984.

Buck, R., "Nonverbal Behavior and the Theory of Emotion: The Facial Feedback Hypothesis", *Journal of Personality and Social Psychology*, nº 30, 1980, pp. 811-24.

Jourard, S. M. e P. Lasakow, "Some Factors in Self-Disclosure", *Journal of Abnormal and Social Psychology*, nº 56, 1958, pp. 91-8.

Noller, P., *Nonverbal Communication and Marital Interaction*, Nova York, Pergamon, 1984.

Pin, E. J. e J. Turndorf, *The Pleasure of Your Company: A Socio-Psychological Analysis of Modern Sociability*, Nova York, Praeger, 1985.

Schaap, C., *Communication and Adjustment in Marriage*, Lisse, Holanda, Swets & Zeitlinger, 1982.

Weitz, S., "Sex Differences in Nonverbal Behavior", *Sex Roles*, 2, nº 2, 1976, pp. 175-84.

9. Período de Licença: Saber Quando Não Negociar

Buck, R., *The Communication of Emotion*, Nova York, Guilford, 1984.

10. O Tratado de Paz: Como Negociar um Contrato

Alexander, J. F., "Defensive and Supportive Communications in Family Systems", *Journal of Marriage and the Family*, nº 35, 1973, pp. 613-17.

Billings, A., "Conflict Resolution in Distressed and Non-Distressed Married Couples", *Journal of Consulting and Clinical Psychology*, 47, nº 2, 1979, pp. 368-76.

Folger, J. P. e M. S. Poole, *Working through Conflict*, Gleenview, Illinois, Scott Foresman, 1984.

Gottman, J. M., "Emotional Responsiveness in Marital Conversations", *Journal of Communication*, nº 16, 1982, pp. 108-19.

Hallock, S., "An Understanding of Negotiation Styles Contributes to Effective Reality Therapy for Conflict Resolution with Couples", *Journal of Reality Therapy*, 8, nº 1, 1988, pp. 7-12.

Rusbalt, C. E., D. J. Johnson e G. D. Morrow, "Impact of Couple Patterns of Problem Solving on Distress and Nondistress in Dating Relationships", *Journal of Personality and Social Psychology*, nº 50, 1986, pp. 744-53